シンプルな8つの図が子ども理解・かかわりを劇的に変える

『月刊学校教育相談』編集部／編

ほんの森出版

シンプルな8つの図が子ども理解・かかわりを劇的に変える

contents

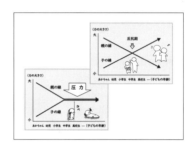
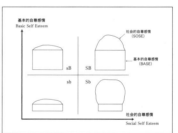

第2部 シンプルな図で 心理技法のエッセンスを!

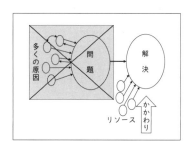

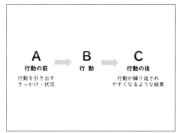

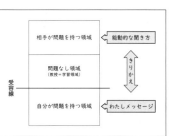

はじめに

　『月刊学校教育相談』は1987年の創刊以来、学校現場で起こるさまざまな事象に対して、どのように理解し、どのようにかかわるか、具体的な情報をお届けしてきました。

　本書は、それらの中から「このことを知って、子ども理解が劇的に変わった」「こんなふうにかかわればいいのか！　目から鱗が落ちた」と好評で、しかも「シンプルな図」で表せるものを8つ厳選し、紹介するものです。第1部が「シンプルな図で理解が変わる！　かかわりが変わる！」、第2部が「シンプルな図で心理技法のエッセンスを！」という構成になっています。

　シンプルな図を使っての解説は、ポイントが理解しやすく、記憶に残りやすいものです。また、子どもや保護者とのかかわりの最中にも、その図を思い浮かべながらかかわることが可能です。

　本書を読まれてお気に入りの図が見つかり、子どもとの実際のかかわりに活かしていただけることを願っています。そして、子ども理解がより深く温かいものになったり、かかわりがより理論に裏打ちされた確実なものになったりする一助となれば幸いです。

　2020年1月

『月刊学校教育相談』編集部

第1部

シンプルな図で
理解が変わる!
かかわりが変わる!

1 親と子が幸せになる 「ⅩとⅩの法則」

子どもが安心感を得て健やかに成長する、子育ての法則があります。
それは図に表すと「Ⅹ」の形になる「Ⅹの法則」です。そして、親
と子の幸せが遠くなる法則も…。それが「Ⅹの法則」です。
保護者会や学級だよりなどの話材として最適です。

田村 節子

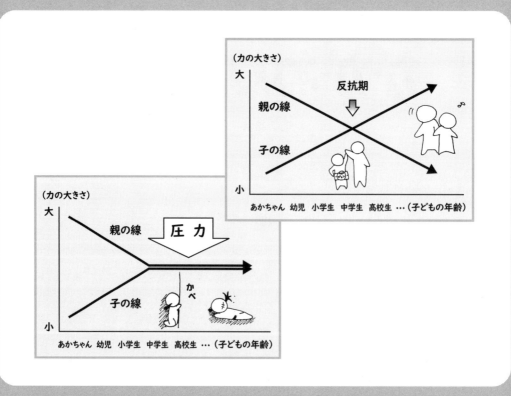

子どもが安心感を得て健やかに成長するために

　社会は急速な科学的発展を遂げ、バーチャルな世界にあふれています。そして、私たちは便利さと引き換えに、人と人との直接的なふれあいを失いつつあります。子どもには動物的な温かいふれあいが必要ですが、効率を求めるあまりに多くのことが機械化され、ふれあいはどんどん失われています。このような時代だからこそ、子どもが安心感を得られるようなかかわりが、われわれ大人に求められています。安心感は与えるものではなく、子どもが実感するものです。そこに難しさがあります。

　今回ご紹介する「XとYの法則」は、子どもが安心感を得て健やかに成長するために必要な法則です。親子関係が複雑になる思春期に焦点を当てたこの法則は、ＮＨＫのＥテレでも紹介されたもので、親だけではなく、子どもとかかわる方すべてに知っていただきたい法則です。

　それでは、幸せになる「Xの法則」から説明します。

親と子が幸せになる「Xの法則」

　図1をご覧ください。縦軸は力の大きさです。横軸は子どもの年齢です。「親の線」は、一番力をたくさん使う縦軸の上のほうから始まります。子どもの成長にともなって親が子どもに使う力は少しずつ減っていくので、「親の線」は右下がりになります。

　それとは反対に、「子の線」は、最初はあかちゃんですから一番小さいところから始まります（図2）。しかし、だんだん成長して自分でできる力が大きくなり、「子の線」は右上がりになっていきます。

　すると、「親の線」と「子の線」が交わるところが出てきます（図3）。これがいわゆる反抗期です。子育ての目標である自立（「自分で考えて、自分で

図1　親が子どものために使う力

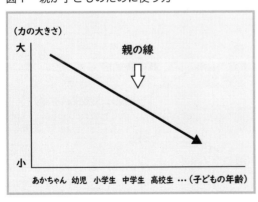

図2　子どもが自分のために使う力

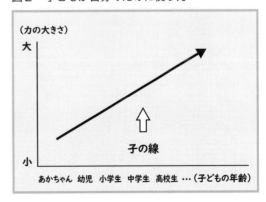

図3　親と子が幸せになる「Xの法則」

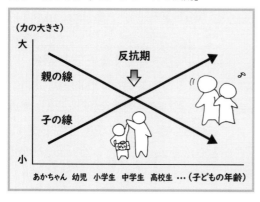

行動し、自分で責任をとる」）ができるようになってきた証拠です。

　この時期には思春期語がよく見られるようになります。思春期語とは、「うるさい」「別に」「まあまあ」「クソババァ」などの親を遠ざけるような言葉です。これらは翻訳すると、「お父さん、お母さん。自分が考えたように行動させてください。困ったら『助けて』と言いますから、それまで好きなようにやらせてください」という子どもの意見表明です。

　つまり、親離れ、子離れの時期が来たことを知らせるサインでもあります。この時期を過ぎると「親の線」と「子の線」は離れていき、文字通り子離れ、親離れが進んでいきます。このように、反抗期は子離れ、親離れのために必要なステップだと言えます。

　それでは次に、幸せが遠くなる「Yの法則」についてご説明します。

親と子の幸せが遠くなる「Yの法則」

　図4をご覧ください。子どもに注ぐ親の力の線は、子どもが成長するにつれ「Xの法則」では下がっていきますが、「Yの法則」では下がっていきません。したがって、子どもの線も「X」のように親を抜いていくことができません（図5）。つまり、知らず知らずに親が子どもにいつも圧力をかけてコントロールしている形になっています（図6）。圧力の中身は、過保護や過干渉、期待のしすぎや厳しすぎです。

　過保護とは、親が子どもの手となり足となって、子どもの代わりに何でもやってあげてしまうことです。時間割を揃えたり、宿題なども親がすべてやってしまったりします。すると子どもは自ら行動しようとせず、受け身にな

図4　「Yの法則」で親が子どものために使う力

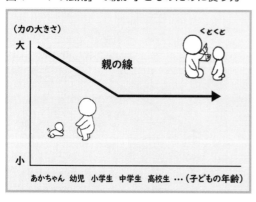

図5　「Yの法則」で親の力を抜けない子どもの力

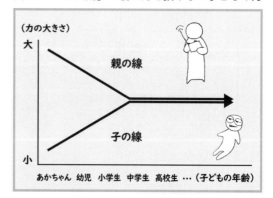

図6　親と子の幸せが遠くなる「Yの法則」

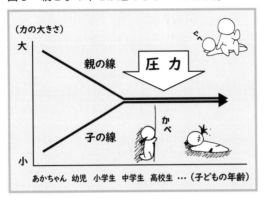

りがちです。

　過干渉とは、親が子どもの頭となって、子どもの代わりに何でも考えてあげてしまうことです。「こうしたら」「ああしたら」と、指示が多くなりがちです。知らず知らずのうちに、親が子どもに自分の願いを押しつけたり、転ばぬ先の杖をついたり、先回りしたり、親が子どもの人生のレールを敷いてしまったりすることなどが当てはまります。すると子どもは親の顔色をうかがってばかりいたり、意欲に乏しくなったり、新しい環境を怖がったりしてしまいがちです。

　子どもには保護も干渉も期待も厳しさも必要ですが、Yの状態はいずれもそれらが過ぎてしまっています。

　過保護や過干渉などは、どちらも子どもがかわいいからこそ、親がつい行ってしまいがちなことです。しかし、子どもは親の意向を気にするあまり、子育ての目標である自立ができにくくなってしまいます。

　でも、安心してください。子育ては気がついたときに軌道修正できます。

いつだって子育ては軌道修正できる！

　では、Yの状態に気がついたら、どうしたらいいのでしょうか。

　図7を見てください。これは、軌道修正のグラフです。軌道修正のイメージは、Yの状態になってしまった「親の線」の後ろが、Xの状態と同じように右下がりになり、「子の線」が右上がりになることです。つまり、これまで親が知らず知らずに子どもへかけていた圧力が小さくなり、子どもが自分の力を発揮しやすくなることを意味します。

　この過程で、これまで従順だった子どもが親に口ごたえするようになったりすることがよくあります。これが自立の兆しです。子どもは親の言うことをきくのが当たり前だと思っていると、親には不快な感情がこみ上げてくるかもしれません。それでも、「子どもの人生は子どものもの。親が代わりに歩むことはできない」と腹をくくることができると、この感情をうまく乗り越えられると思います。腹をくくれるかどうかが、軌道修正できるかどうかの分岐点となります。

　分岐点をうまく通過するには、いい意味で

図7　「Yの法則」の軌道修正

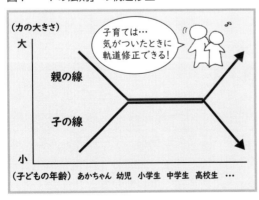

の諦めが必要となります。「諦める」とは、もともと仏教用語で「本質を明らかにする」すなわち「真理を悟る」という意味です。子育てでの「諦め」とは、子育ては「子どもが自立するように育てることである」と悟り、「親の言うとおりに子どもが育つことを諦める」ことでもあります。

　軌道修正は、親としての希望を伝える前に、親が子どもの話をじっくりと聴くことが出発点となります。そして子どもが親に気持ちをわかってもらえたと実感ができることが重要となります。

　さて、それでは、教育の現場で「XとYの法則」をどのように活用したらよいかについてご説明します。

保護者に対して心理教育として使う場合

　保護者会や学級だより等が活用できます。伝え方のコツは次の3つです。

①同時に複数の保護者へ伝える
　「XとYの法則」は、1対1で伝えると、伝え方によっては保護者が自分の子育てを否定されたように受け取ることがあります。Yの状態になってしまうのは、「子どもがかわいい。子どもに苦労させたくない」という親心からであって、決して子どもを傷つけようとしているわけではありません。そこを見誤ると、保護者の反感を買ってしまうことになります。

　スクールカウンセラーなど心理の専門家がこの法則を使って個別のカウンセリングを行うことは可能ですが、学級担任から直接「過保護ですね」「Yの状態ですね」などと言われると、子どもへの評価にもかかわるように感じて、保護者がショックを受けることがあります。ぜひ、個別ではなく、同時に複数の保護者にお伝えください。

②いつでも軌道修正できることを強調する
　自分の子育てに自信を持っている親はほとんどいません。みんな試行錯誤しながら子育てをしています。大切なことは、Yの状態になっていても軌道修正できるということです。そのことを強調してください。「子どもの気持ちに耳を傾ける（子どもの気持ちをわかろうとする）」「子ども自身の決定や意見を尊重する」が軌道修正のポイントです。

③新たな親子関係が生まれることを示唆する
　子どもが親から離れていくのは、親としては寂しいものです。しかし、私たち親は、子どもの人生を生きることはできません。子どもが「自分で決定し自分の人生に責任を負いながら自分の足で人生を歩んでいける」ところまで育てるのが親としての責任です。

　子離れにともなう寂しさはほんの一時であり、思春期が過ぎれば、大人に

なった子どもと一人の人として、また新しい関係が生まれます。ぜひ、保護者の方がこのことに思いを馳せ、その日を楽しみに待てるように先生ご自身の経験などを交えて、この法則をお伝えください。

保護者との【Q＆A】

　それぞれ親も子どもも資質が異なりますし、環境も違うのですから、子育ての仕方は千差万別です。しかしながら、大雑把でも子育ての方向性がわかることは、親として子育ての羅針盤を得ることができ、大きな安心感につながります。安心感は子どもだけではなく親にも必要です。
　次に示す保護者とのQ＆Aを参考に、子育てに「XとYの法則」を身近なものとして取り入れていただければ幸いです。

Xの事例1 「子どもが予想外の高校への進学を希望しています」

Q：中学校3年生の息子が、2回目の三者面談で、海洋を学べる科のある高校に行きたいと言い出しました。
　成績もよく、そのまま進学校に行って父親と同じ道に進むと思っていた母親の私は、突然の発言にびっくり。その場はうやむやにして、家に帰ってから「大学に入ってから進路を決めては」と、くどくど言ってみたのですが、「うっせえんだよ！　それでは歳をとりすぎてしまう！」と言って、壁の仕切りを殴って穴を開けてしまいました。それまで従順だっただけに、その乱暴な言動にもびっくりし、怖くなってしまいました。
　夜、父親も交えて話をすると、さらにびっくり。父親は言葉を挟まずにじっくりと息子の話を聴きました。息子は、1年ごとの目標を書いたしっかりした計画をつくっていました。確かに、大学を出てからだと息子がやりたい仕事は一人前になるのが遅くなってしまうようです。父親は、先の見えない時代だから、子どもにまかせようと言います。私は、父親と同じ一流企業に就職してほしかったので、力が抜けてしまいました。早すぎる進路決定のように思うのですが、見守るしかないのでしょうか。

A：夢に向かって歩き始めたら、子育て最終章！
　子どもにやりたいことが見つかったんですね。素晴らしいことですね！
　親が思っていたことと違った道に子どもが進もうとすると、親は不安で仕方がないものです。子どもを説得しようとしてつい、しつこく話をしてしまいがちです。しつこくされると、自立し始めている子どもは、親の干渉がうるさく感じてしまいます。そのために、つい激しい口調になり親を遠ざけた

くなります。まずはお父さんのように、子どもの意見に耳を傾けて気持ちをしっかりと聴くことが、この時期のかかわりの基本となります。

「子どもが何をどうしたいのか」にじっくりと耳を傾けた上で、子どもが自分の気持ちをわかってくれたと実感したら、親が自分たちの気持ちを話しましょう。心配があれば、その心配の根拠も示すのがコツです。頭ごなしに否定することは、特にこの時期の子どもへはNGです。

時代は、どんどん変化しています。最新のテクノロジーを駆使した新たな仕事もたくさん出てきています。子どもが決めたことを認める勇気を親も持つ必要があるようです。と同時に、子どもも実は、親に激しい言動で反抗したことに心を痛めていることも知っておきたいものです。

Xの事例2 「私の娘には反抗期がありません」

Q：中学校2年生の娘は、いつも一緒に買い物に行き、友達や気になっている男の子の話など何でも話してくれます。

私も子どもを対等に扱い、ママ友の悩みなどを相談したりもします。洋服もカジュアルなものだったら私と共有し、マニキュアなどの化粧品、アクセサリーなどを「貸してね」と言っては友達と楽しんでいるようです。最近、ネイリストになりたいという夢を娘が持ち、私は娘にぴったりだと思い、夫とともに応援しています。口ごたえもしないし、姉妹に間違われるほど仲がよく「友達親子だね」と言われます。

娘の反抗期に悩んでいるママ友も多く、わが家は幸せだと思う反面、変なのかなと心配にもなります。反抗期がないとおかしいのでしょうか。

A：「友達親子」はいいの？ 悪いの？

最近、「友達親子」という言葉をよく聞くようになってきました。ご質問の方のように、子どもと価値観が似ており子どもの夢を応援している場合には、子どもが反抗する必要がないため、反抗期が目立たないということがあります。ただし、よく観察していると、親の言動が気にいらなかったときに子どもがむっとしていたり、無視したりしていることがありますが、大きな反抗ではないので親は気づかないことがほとんどです。

「Xの法則」は子どもを自立へ導く法則なので、「子どもが自分で考えて、自分で行動し、自分で責任をとる」ことを親として常に頭に置いて対応できれば、親子関係のよさは子どもにとっても親にとってもよいことでしょう。ただ、子どもが何でも相談するあまりに、子ども自身に考えさせないで、親が考えてあげて、子どもに行動させてしまうと「Yの法則」になってしまいます。そこだけは心に留めておきましょう。

Yの事例1 「私と同じ苦労をさせたくないのです」

Q：私の母は放任主義で、小さいときからいろいろなことを自分一人で決めなければなりませんでした。私は、子どもにはその苦労をさせないように心がけています。

　中学生になったので、勉強が遅れないように、ネットで一番評判のよい塾を見つけて契約しました。制服も近くの先輩ママに聞いて、一番評判のよいお店で揃えました。もちろん、毎日の日課も受験勉強のスケジュールも、私がつくっています。子どもも、私の計画に沿って生活してくれています。ところが、先日、「私の夢」という作文の課題が出たとき、「何の夢があるの？」って私に聞きにきて、はっとしました。私の育て方は間違っていたのでしょうか。

A：口を出しすぎると子どもは自分が持てなくなる！

　ご質問者は小さいときからいろいろなことを自分一人で決めてこられたんですね。これは素晴らしいことですが、親に解決してもらいたい気持ちもあったことと思います。自分が満たされなかった気持ちは「未完の行為」と言い、知らず知らずに自分の子どもで満たそうとしてしまうことがあります。親の夢を子どもに託すというのも同じですね。

　誰にもありがちなことなのですが、親が子どものことをすべて決めてしまうと、子どもは何にも考えられなくなってしまいます。このような子どもたちが一様に言う言葉があります。それは「自分がない！」「自分らしさがわからない！」。これらの悩みは大人になってから深刻な悩みとなって現れたりします。つい口出ししてしまうのは、失敗させたくないという親の愛情からなのですが、自分で決定する機会をたくさん与えるようにしましょう。

Yの事例2 「親も成長しているのですが、言うことが変わってはいけないのでしょうか」

Q：私は、子どものために子育ての勉強を続けています。学校の母親学級や講演会にも可能な限り足を運びます。書店に行けば、必ず教育書を確認して、よさそうなものは手に入れて読むようにしています。同じ状況でも考え方によってさまざまな対処法があることがわかり、毎回、目から鱗です。先日も、子どもの自主性を重視した育て方の話を聴き、感動して帰ってきました。

　ちょうどその日、息子が学校から進路調査表を持って帰ってきました。私は、「自分のことだから自分で決めていいよ」と答えました。すると、「この前は塾の先生に相談したりお父さんを交えて話し合ったりと、あんなに時間を

かけたのに、本当に自分で決めていいの?」と息子は不安そうでした。

その夜、父親が帰ってきてこのことを話すと、やはり子どもだけでは十分な判断材料が得られないだろうということで、息子にそのように伝えると、「親の言うことが信じられない」と言われてしまいました。親も成長しているんだし、言うことが変わってはいけないんでしょうか。

A:異なったメッセージは子どもを不安定に!

自分に影響力を持つ異なったメッセージを受け取ると、子どもはどちらを信じていいのかわからずに不安定になってしまいます。子どもが多様なメッセージを受け取ることになる場合は、どのメッセージに従うかは自分で決めていいことも添えるとよいでしょう。典型的なメッセージの不一致を3つご紹介します。

①親の言動の矛盾　親が今日と昨日で言うことが違うなどすると、子どもは何を基準にして判断していいかわからなくなってしまい混乱してしまいます。意見が変わったとしたら、なぜ変わったのかという経緯を同時に伝えれば、子どもにも理解できるでしょう。

②両親の意見の不一致　両親の意見の不一致や矛盾は子どもにとって大きな負担になりますから、極力避けたいものです。しかし、両親の意見が異なることもあると思います。その場合は、それぞれの意見の根拠について、子どもにわかる言葉で伝えるのも一考です。また、親同士もよく話し合い、極力意見を一致させるように意識するだけでも、子どもに与える印象は異なってきます。

③言葉と表情の不一致　言葉では「よい」と許可しておきながら、目で「だめ」と拒否するような場合です。親自身が意識していない場合もありますから、気をつけたいものです。言葉の内容そのものである言語的コミュニケーションで3〜4割、表情や声の調子など非言語的コミュニケーションで6〜7割伝わると言われています。圧倒的に表情等の非言語的コミュニケーションのほうを子どもは信じます。表と裏の2つの異なるメッセージは、子どもを萎縮させてしまいます。

Yの事例3 「素直でいい子なのに、暗い絵を描くと言われました」

Q:私の息子はとても素直でいい子です。毎朝、新聞を持ってきてくれるし、学校に行くときにゴミを出してくれたり、洗濯物をたたんだりと、嫌がらずにお手伝いをしてくれます。

それだけではなく、毎日夜遅くまで勉強して、成績も上位を保っています。部活でも副部長を務め、後輩からも人望を集めているようです。小さいとき

から厳しくしつけてきたかいがあったと、私は満足しています。

　ところが、先日の保護者会で、美術の先生から、息子の描く絵が暗いようだけど、何か心当たりがないかと聞かれました。たまたま暗い色使いになってしまっただけだと思うのですが、私の育て方に問題はないですよね。

A：「いい子」の心の中は不満と涙でいっぱい！

　上手に環境に適応しているという意味では、一見問題はないでしょう。しかし、多くの場合、いわゆる「いい子」の心の中はつらいものです。子どもの表情はニコニコ。でももう一つの心の顔は「イ・イ・イヤダ～。やりたくないっ！」と叫んでいるかもしれません。「本当はしたくない！　本当はわがまま言いたい！　でもそうしたら、お父さんに怒られる。わがまま言ったら、大好きなお母さんを困らせてしまう」。そう思って、言いたいこともがまんしているのかもしれません。場合によっては、心にストレスがたくさんかかってしまい、人知れずリストカットを繰り返していたり、「自分なんていないほうがいい」などと思い詰めていたりすることもあります。

　もし、親の顔色をうかがっているようでしたら、「嫌だったら『イヤ』って言っていいんだよ」とイヤと言えることを保証してあげるとよいでしょう。

大人が人生を楽しんでいる姿を子どもたちに見せる

　子どもの健やかな成長には、ぬくもりが感じられる人的環境が欠かせません。そして、子どもの人的環境である私たち大人は、子どもたちにとって自立のモデルとなります。私たち大人が自分らしく生き生きと人生を楽しんでいる姿を子どもたちに見せることも必要だと思います。

　先生方や保護者の方々は、子どもたちのために日々奮闘しながら、本当に毎日よく努力していらっしゃいます。ぜひ、ご自身にご褒美をあげたり息抜きしたりする時間を意識してとっていただけませんか。自分自身の生活に余裕を持つことが、「XとYの法則」を活かした世代交代を促進し、親も子も幸せになる原動力になるのですから…。

より深く学ぶための読書ガイド

田村節子『親と子が幸せになる「XとYの法則」』(Kindle版) ほんの森出版、2007年
　見失いがちな子育ての目的についてわかりやすくシンプルに解説した本です。これ1冊で子育ての方向性が見えてきます。
田村節子『子どもにクソババァと言われたら─思春期の子育て羅針盤』教育出版、2011年
　思春期に焦点を当て、漫画を交えて「XとYの法則」をわかりやすく解説した本です。

2 自尊感情「４つのタイプ」

自尊感情を「基本的自尊感情」と「社会的自尊感情」の２つに分け、その組み合わせの４つのタイプで子どもを見ると、一気に子ども理解が深まります。心配なのは、「基本的自尊感情」が低く、「社会的自尊感情」が高い子です。一見、自尊感情が育っているように見え、「いい子」として見逃されがちです。

近藤　卓

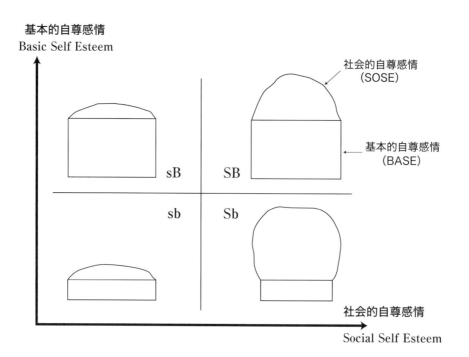

自尊感情の成り立ち ˚□.■˚□.■˚□.■˚□.■˚

　ウィリアム・ジェームズの『*The Principles of Psychology*』という19世紀末に書かれた本に、自尊感情の定義が次のような式で示されています。

$$\text{Self-esteem} = \frac{\text{Success}}{\text{Pretensions}}$$

　自尊感情は成功に比例しているという定義です。成功が倍になれば、自尊感情も倍になります。成功が半分だと、自尊感情も半分の値に下がってしまいます。

　一方、この自尊感情の定義式の分母は「Pretensions（要求）」です。この本が書かれた今から130年近く前の、ウィリアム・ジェームズの時代には、この「要求」というのは、現代よりも単純なものだったかもしれません。子どもたちも、自分の能力と、家庭環境や社会環境とか、いろいろな状況を考えて、「自分の目指すところ（要求）はここだ」と自分で決めて進んでいったに違いありません。その要求に従って頑張って、それが成功すれば自尊感情が上がります。半分しか到達できなければ、自尊感情は半分に下がります。

　しかし現代の日本の社会で、こうした「要求」を自分で決められる子どもはいるでしょうか。父親や母親が直接的に示唆してはいなくても、学校や社会全体の圧力のような何らかの力が働いて、子どもをある一定の方向へと、追い立てているように思うのです。

　いずれにしても、これまでは、この定義式に基づいて「すごいね、やったね、できたね」と言ってほめて育てるというやり方が、自尊感情を高める方法として取り組まれてきているように思います。時には、自尊感情と言わずに、自己有用感や自己有能感、自己効力感、自己肯定感など、さまざまな概念あるいは用語を用いて、教育活動が行われてきています。

「すごい自分」 ˚□.■˚□.■˚□.■˚□.■˚

　子どもは、ほめられたくて頑張るかもしれません。ほめられて認められて、熱気球のように大きく膨らむ「すごい自分」という気持ちも、確かに大切な気持ちだと思います。ただこの感情は、その場の状況や社会的な状況に強く依存しています。うまくいかないこともあるし、負けることもあるし、叱られることもあるし、疲れてしまうこともあるし、勉強が嫌になってしまうこともあるでしょう。病気になることも、けがをすることもあるかもしれません。熱気球のように膨らんだ自尊感情は、非常に不安定なものだと思います。

そうした意味で、このウィリアム・ジェームズによって定義された自尊感情を、私はあらためて「社会的自尊感情（ＳＯＳＥ：Social Self Esteem）」と定義し直しました（近藤、2010）。「すごい自分」と表現すると、わかりやすいかもしれません。

　この熱気球のような社会的自尊感情は、膨らんでいるときはいいのです。頑張れるとき、いい成績がとれるときはいいのです。でも、誰でも、うまくいかないときもあるでしょうし、失敗することもあるかもしれません。そうしたときに、子どもの心にはこんな思いが湧いてくるかもしれません。

　「私にはどんな価値があるのだろう」

　「自分はなぜ生まれてきたのだろう」

　「生きることにはどんな意味があるのだろう」

　「自分は生きていていいのだろうか」

　こうした重い問いをいくら考えても、子ども一人では答えに到達することができないでしょう。誰に尋ねても、明快な答えを得られないかもしれません。そんなときに大切なのが、結局のところ自分は自分でしかないのだから、「ありのままの自分」でいるしかない、と気づくことなのだと思います。

「ありのままの自分」

　「ありのままの自分」を受け入れる気持ちを、「基本的自尊感情（ＢＡＳＥ：Basic Self Esteem）」と私は名付けて概念化しました（近藤、2010）。そこで肝心なことは、どうしたらそのような気持ちが持てるようになるのかということです。だめなとき、失敗したとき、負けたとき、そうしたときに自分を支えてくれるのが基本的自尊感情なのですが、どうすればこの気持ちを育てることができるのでしょうか。

　そもそも、誰にとっても、この世に生まれてきたことは、どうしようもない事実です。気づいたら、生まれてきてしまっていたのです。生まれて、ここに存在するということを、そのままに受け入れるしかありません。この「そもそも」をありのままに受け入れるところから、私たちの人生は始まっているのです。生まれてきたことが間違いだったとか、生まれてきたことが失敗だった、そう思って悩んだりすることがあるとしたら、それは人生経験をある程度積んでからのことです。

　「この世に生まれ出たときに『生まれてきてよかった』と感じなかった子どもは１人もいない」と、ある産科の医師から教えられたことがあります。母親の胎内からこの世に出てきた瞬間に、誰もが必ず人の手のひらで受け止められるというのです。そしてその瞬間に、子どもは身体中で、人の手のひらの温かさと柔らかさを感じ取り、「ああ、なんて温かいのだろう、なんて柔ら

かいのだろう。生まれてきてよかった」と、心底そう思うのだそうです。

　もちろんそのことを覚えている子どもは、１人もいません。誰も思い出せないのです。でも、必ずそうした体験をしているに違いない、そう私は信じています。それは、子どもが受け取る、この世界からの最初の贈り物です。無条件の愛、と言ってよいかもしれません。生まれた瞬間に、男の子でも、女の子でも、障害があっても、病気があっても、人の手のひらで受け止められたから、子どもたちはその体験を宝物にして、その後の人生を生きていこうとするのだと思います。それを、私は基本的自尊感情のもとになる「種」のようなものだと考えています。植物の「種」に水をやり栄養を与え、陽の光が注がれて、大きく育っていくように、私たちも基本的自尊感情の「種」を育てなければなりません。

　私はその「種」を、１枚の薄い和紙にたとえたいと考えています。必ず、どの子どもも１枚の和紙を、心の一番奥底に大切に持っています。でも、たった１枚の紙ですから、破れてしまうかもしれませんし、風で吹き飛んでしまうかもしれません。

　心の宝物であるその和紙を、なんとか補強しなければなりません。別の和紙を重ねて糊付けするような、そんな地道な作業が必要だと思っています。身近な人たちと一緒に時間を過ごして、楽しいな、うれしいな、つらいな、悲しいな、といったさまざまな感情を共有するような体験ができると、新たな１枚の和紙が「種」の上に貼り付けられます。感情の糊が染み込んだ和紙が、そうした共有体験のたびに、１枚また１枚と積み重なって、「種」の和紙が補強されていくのです。そうして、基本的自尊感情がしっかりと厚みのある、硬く重い確実なものに育っていくのです。

自尊感情「４つのタイプ」

　私の考える自尊感情は、「社会的自尊感情（すごい自分）」と「基本的自尊感情（ありのままの自分）」の組み合わせによって成り立っています。

　この２つの自尊感情を測定する心理尺度が「そばセット（SOBA-SET）」で、全部で18項目から成っています（資料１・２参照）。そこには、基本的自尊感情６項目と社会的自尊感情６項目の他、虚偽項目（偏移尺度項目）６項目が含まれています。虚偽項目は、本来の尺度の測定目的とは別に挿入されており、そうした意味で虚偽の項目です。これらは、多くの人が「はい」と答えることが確認されている項目で、これらの点数があまりに低い場合は、その回答の信頼性が疑われることになります。①でたらめに回答した、②質問項目の意味が理解できていない、③実際に偏った考え方を持っている、などの疑いがあるわけです。

さて、「そばセット」の結果を整理すると、自尊感情を４つのタイプに分けることができます（図）。

　第１のＳＢタイプは「大きく安定した自尊感情：基本的自尊感情が厚く、社会的自尊感情も大きいタイプ」です。多くの学校では、半数以上がこのタイプでした。素直ないい子で、頑張っていい成績をとることもあるけれども、だめなときもあります。そんなときには社会的自尊感情は凹んでしまいますが、基本的自尊感情がしっかりと育まれているので大丈夫です。このＳＢタイプに対しては、先生や大人たちの評価が分かれることがあります。「あの子はいい子で問題がない」と言う先生もいますが、「あの子はどうも扱いにくくて苦手だ」と言う先生もいたりします。自分の気持ちに従って素直に行動するので、頑張ることもあるけれども、怠けることもある。そうした素直ないい子が、このＳＢタイプです。

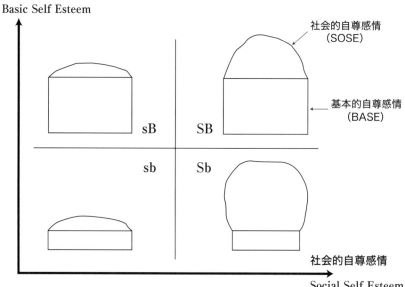

図　自尊感情「４つのタイプ」

基本的自尊感情
Basic Self Esteem

社会的自尊感情
（SOSE）

基本的自尊感情
（BASE）

sB　SB

sb　Sb

社会的自尊感情
Social Self Esteem

SBタイプ　自尊感情の２つの部分がバランスよく形成されている
sBタイプ　社会的自尊感情が育っていない：のんびり屋、マイペース
sbタイプ　自尊感情の２つの部分が両方とも育っていない：孤独、自信がない
Sbタイプ　社会的自尊感情が肥大化している：頑張り屋のいい子、不安を抱えている

社会的自尊感情（SOSE）
・認められ、見つめられることによって膨らむ。熱気球のように。
・他者との比較による相対的な優劣による感情

基本的自尊感情（BASE）
・体験と感情を共有することの繰り返しで形成。和紙を重ねていくように。
・比較ではなく絶対的な無条件の感情。

大人たちが一番心配しているのは、ｓｂタイプです。自尊感情が、どちらも育っていないので、本当に存在が薄く、自信なさそうで、いつも孤独な感じがします。確かに心配な子どもです。こうした子どもには、何かと声をかけてあげたり、少しでもよいところを見つけてほめてあげたりして、一時的にでも元気づけてあげることが大切です。ただ、それだけですませていると、この子どもを本当の意味で元気にすることはできません。時間はかかりますが、基本的自尊感情を育むための和紙を積み重ねるようなかかわりが、どうしても欠かせません。

　実は、本当の意味で一番心配なのは、Ｓｂタイプです。自尊感情全体として見るととても高く、頑張り屋のいい子で、非の打ちどころがない完璧ないい子です。勉強はもちろん、運動やスポーツでも頑張ります。友達とも元気に仲良く遊びますし、どの先生の言うこともききます。それだけでなく、両親の言うこともきいて、反抗などしません。近所の人とも明るく挨拶をして、ボランティア活動などにも積極的です。とにかく、完璧ないい子です。なぜ心配かというと、このタイプの子は、基本的自尊感情が十分育まれていないので、熱気球のような社会的自尊感情に頼らざるを得ないからです。ですから、熱気球に常に熱風を吹き込むように、24時間365日完璧ないい子を演じているのです。

　こうしたＳｂタイプの子どもは、私たちのこれまでの調査によれば、どの学校にも１〜２％は必ず存在します。誰も心配せず、むしろ好ましい子どもと感じています。それもそのはずです。非の打ちどころのない、いい子だからです。でも、自尊感情の成り立ちは、非常に不安定な社会的自尊感情に頼っているのです。誰も心配していないからこそ、実は一番心配な子どもです。基本的自尊感情を育むようなかかわり、つまり共有体験に配慮したかかわりをしていくことが、こうした子どもには一番必要なことです。

　最後は、ｓＢタイプです。基本的自尊感情には、和紙が分厚く積み重なっています。一方、社会的自尊感情はほとんど膨らんでいません。熱気球が、大きく膨らんだことはありません。しぼんだままです。このタイプは、一言で言えば「のんびり屋のマイペース」で、放っておいても何も心配はありません。多くの大人は、こうした子どもを心配するかもしれません。しかし、こうした子どもこそが、本来のあるべき姿だと思います。のんびりと道草を食いながら、道端の草や花や虫や鳥を愛で、友達と仲良く遊んだりケンカをしたりしながら、共有体験を積み重ねていってほしいと願っています。

和紙を積み重ねる共有体験

　共有体験は、和紙を積み重ねるような作業だと申しました。そのことを、

もう少し詳しく見ておきましょう。

　「体験の和紙」をただ積み重ねただけでは、風が吹けば吹き飛んでしまいます。横から力がかかれば、簡単に崩れてしまいます。ですから、ただ体験をするだけではだめなのです。そのときに、「感情が共有されていること」が肝心です。誰かと一緒に何かに取り組んで、同じように笑ったり、泣いたり、叫んだり、涙を流したりしたときに、「体験の和紙」に感情の「糊」が染み込みます。糊の染み込んだ和紙が積み重なることが重要です。

　隣にいる誰かと同じように笑ったりしたときに、「自分の感じ方は間違っていない」「自分は間違っていない」「自分はこのまま、ありのままでいいのだ」という確認ができて、和紙が積み重なり糊付けされるのだと思います。そうして、硬いしっかりとした和紙の束、つまり基本的自尊感情が出来上がっていきます。

　学校での共有体験の機会は、毎日のようにさまざまな場面でたくさんあることと思います。子どもたちが友達同士で共有体験をすることも、先生と子どもが共有体験をすることもあると思います。部活動、クラブ活動、委員会活動などはもちろん、運動会や体育祭、文化祭、合唱祭など、一緒に何かに取り組んで、笑ったり泣いたり、喜んだり悔しがったり、たくさんの共有体験の機会が、子どもたちの心の底に、和紙を糊付けする機会になっているのだと思います。もちろん、普段の授業でそうした「感情を共有できる体験」ができたら、もう言うことはありません。ぜひ、そうした授業が工夫され、広がっていくことを願っています。

　視点を変えて言うと、共有体験は「並ぶ関係」によって成立します。「向き合う関係」ではありません。並んで一緒に同じ世界を見て、同じ目標を目指して、同じ時間を共有していくときに、隣にいる誰かと体験を共有することができます。そして、そのときに感情が共有されれば、それが共有体験と言えるのです。

　つまり、基本的自尊感情を育むための教師としてのかかわりは、子どもと「並ぶ関係」によって成立します。子どもと「向き合う」ことが大切だ、とよく言われます。確かに向き合うことは大切ですが、それは子どもと関係をつくるために、まず向き合う必要があるということです。向き合っているだけでは、前に進んでいけません。

　関係をつくるためにまず向き合いますが、関係ができてから大切なのは、ともに進んでいくことだと思います。子どもは、成長していきます。人生を前に進めていくのです。その歩みに寄り添って、私たち教師も一人の人間として、人生を前に進んでいくのだと思います。

　自尊感情の視点から言えば、「向き合う関係」は社会的自尊感情に働きかける関係です。向き合って、「よくできたね」とほめてあげれば、社会的自尊感

情の熱気球は大きく膨らみます。向き合って、「だめじゃないの」と叱れば、熱気球はいっぺんで凹んでしまいます。言い方はよくないかもしれませんが、「向き合う関係」は社会的自尊感情をコントロールするかかわり方です。

それに対して、「並ぶ関係（寄り添う関係）」は基本的自尊感情に働きかける関係です。並んで、一緒に時間を過ごして、感情を共有したときに、糊の染み込んだ和紙が1枚確実に子どもの心に積み重なります。

一言付け加えると、これは共有体験ですから、そのときに先生の心にも1枚の和紙が糊付けされるはずです。基本的自尊感情を育むかかわりは、一方的に子どもの心に和紙を積み重ねてあげるということではないのです。共有体験は、2人が人として対等に思いを共有するのですから、その思いは2人の心に同じように和紙を糊付けすることになるのです。

社会的自尊感情は、勝ったり成功したりほめられたりすると、一気に大きく膨らんで、いわば教育効果が目に見えやすいものだと言えるでしょう。その代わり、急に大きく凹むこともあります。そのことで、大人も子どもも一喜一憂してしまいがちです。熱気球に振り回されているのかもしれません。

それに対して、基本的自尊感情は、和紙を1枚1枚貼り付けていく、本当に地道な作業の積み重ねです。効果が実感しにくく、その成果は見えにくいかもしれません。しかし、感情を共有するような体験をすれば、必ず和紙は積み重なって糊付けされて、二度と崩れることはないのです。そうして出来上がった基本的自尊感情の和紙の束は、いつまでも子どもの心を支えてくれる、大切な宝物になるのだと思います。

より深く学ぶための読書ガイド

近藤卓『自尊感情と共有体験の心理学—理論・測定・実践』金子書房、2010年

「そばセット（SOBA-SET）」の理論的背景を知り確実に理解するために、自尊感情の先行研究を網羅し解説しています。研究者だけでなく、大学院生や学部生が自尊感情をテーマにするときに必携の書となっています。

近藤卓『子どもの自尊感情をどう育てるか—そばセット（SOBA-SET）で自尊感情を測る』ほんの森出版、2013年

自尊感情について、わかりやすく解説し、さらに具体的な実践例・授業例を紹介した、すぐに教育現場での実践に役立つ本です。自尊感情を測定する心理尺度「そばセット」の採点・評価の仕方などについても解説。

近藤卓『乳幼児期から育む自尊感情—生きる力、乗りこえる力』エイデル研究所、2015年

自尊感情の重要性を、家庭、保育所・幼稚園、小学校、中学校と場面に応じて発達的な視点から解説しています。そして、育まれた自尊感情が、後の困難な体験を乗り越える力になることを、具体的な場面を想定して述べています。

そばセット（Social and Basic Self Esteem Test）

氏名 ＿＿＿＿＿＿＿＿＿＿＿＿＿＿＿＿＿＿＿　性別　（　男子　・　女子　）

学年（＿＿＿）年生　　年齢（＿＿＿）歳

■次の文章を読んで、自分の気持ちに一番ぴったりする答えのところに〇をつけてください。

	とても そうおもう	そうおもう	そう おもわない	ぜんぜん そう おもわない
1　ほとんどの友だちに、好かれていると思います。	4	3	2	1
2　自然は大切だと思います。	4	3	2	1
3　運動は得意なほうだと思います。	4	3	2	1
4　自分は生きていていいのだ、と思います。	4	3	2	1
5　うそをつくことは、いけないことだと思います。	4	3	2	1
6　ほかの人より、頭が悪いと思います。	1	2	3	4
7　ほかの人より、運動がへただと思います。	1	2	3	4
8　悪いときには、あやまるべきだと思います。	4	3	2	1
9　なにかで失敗したとき、自分はだめだなと思います。	1	2	3	4
10　自分はこのままではいけない、と思います。	1	2	3	4
11　きまりは守るべきだと思います。	4	3	2	1
12　友だちが少ないと思います。	1	2	3	4
13　自分には、良いところも悪いところもあると思います。	4	3	2	1
14　しつけは大切だと思います。	4	3	2	1
15　ほかの人より、勉強がよくできると思います。	4	3	2	1
16　ときどき、自分はだめだなと思います。	1	2	3	4
17　健康は大切だと思います。	4	3	2	1
18　生まれてきてよかったと思います。	4	3	2	1

※実施に際しては、回答欄の1～4の数字は
消してください。

そばセット・プロフィール

【計算の方法】SOSE 得点：1, 3, 6, 7, 12, 15 の点数をたした数　（　　　　　）
　　　　　　　BASE 得点：4, 9, 10, 13, 16, 18 の点数をたした数（　　　　　）
　　　　　　　D 得点：2, 5, 8, 11, 14, 17 の点数をたした数　（　　　　　）

【記入の方法】SOSE 得点を「山型」の当てはまるところまで塗りつぶす。
　　　　　　　BASE 得点を「箱型」の当てはまるところまで塗りつぶす。

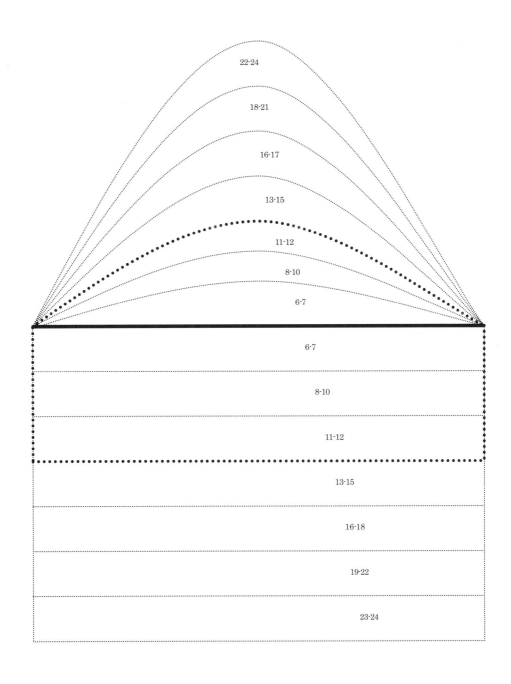

3 合理的配慮を スムーズに実施する 「平等」と「公平」の図

合理的配慮は、「目的（学習目標）」を達成するためになされます。そのことを子どもにもわかるように紙芝居で解説すると、まわりの子どもたちから「○○さんだけ、ずるい」という不満が出なくなります。一人ひとりに必要な配慮を自然にしながら、全体指導をスムーズに進めることができる環境をつくります。

石橋　瑞穂

先生は「ずるい」と言われるのが苦手

　先生方は、学級の中で特別な子のみに配慮を行うと、「子どもたちから不満が出て学級が崩れるのではないか？」と心配されることがよくあります。「子どもたちから『ずるい』と言われませんか？」「1人だけ特別なことはできません」という声もよく聞きます。

　先生は子どもたちに「平等」でありたいと思っています。だから「ずるい」と言われると先生はひるみます。他の子から「○○さんだけ、ずるい！」と不満が出て、学級運営がスムーズにいかなくなる不安も強く持っています。

　発達に課題がある子、家庭環境が不安定な子、身体的にハンディキャップがある子…。どの子にも、それぞれ必要な配慮や支援があります。「平等に」を「公平に」と考え方を変えることで、必要な配慮や支援を当たり前のこととして実施したいという気持ちになれるのです。

　そのことを知ってもらうためにパワポ紙芝居をつくりました（28〜32ページ参照。カラーのパワーポイントのデータを、ほんの森出版のホームページの本書紹介ページからダウンロードできます）。「平等（equality）」と「公平（equity）」についての野球観戦のイラストを研修会で知り、それを参考にしています（https://edtrust.org/the-equity-line/equity-and-equality-are-not-equal/）。

目的を達成するための「平等」と「公平」の違い

　「平等」を示す絵（⑤）は、サーカスを見るために、3人に平等に台が1つずつ配られています。「公平」を示す絵（⑦）は、背の低い子には台を2つ、中くらいの子には台を1つ、背の高い子には台はありません。この2つの絵は、「一人ひとりに必要な支援は違う」ということを示唆しています。パワポ紙芝居では、この絵を紹介した後、必要な支援を台の数に置き換えて、台の数が違うのは「ずるい」か「ずるくない」かを問うお話になっています。

　そして、難聴の子、不器用さがあって書字が困難な子、多動衝動性があり落ち着くのが難しい子を例に挙げ、その子に必要な支援をすることを、台を2つ使っていることと置き換えて説明しています。「ずるい？」「ずるくない？」と問うと、子どもたちは「ずるくな〜い！」と、素直に反応していました。

　「サーカスを見る」という目的のために、それぞれに必要な台の数が違うことはすぐわかります。合理的配慮は「目的（学習目標）」を達成するためになされるものです。難聴の子への紙に書いて知らせる支援、書字が困難な子への大きなマス目のプリント、多動衝動性のある子へのクールダウンタイムの設定も、子どもたちは「ずるくない」と感じたようでした。

① こどもたちが サーカスを みにいきました

② こどもたちが サーカスを みにいきました

せの たかいこ

③ こどもたちが サーカスを みにいきました

ちゅうくらいの こ

④ こどもたちが サーカスを みにいきました

せの ひくいこ

みえない……

⑤ こどもたちには ひとりに ひとつずつ
3にんに びょうどうに
だいが くばられていました

だいに のっても
みえないよ

⑥ そこで…… ぜんいんが みえるようにしました

どうやったのかな？

⑦ せの ひくいには だいが ふたつ

⑧ これって……

ずるくない？

ずるい？

カラーのパワーポイントのデータを、ほんの森出版のホーム
ページの本書紹介ページからダウンロードできます。

⑨

⑩

⑪

⑫

⑬

⑭

こんなとき
みんなは うるさいなかでも
せんせいの ことばを
ききとった

でも……

⑮

⑯

だから
がんばっても よくききとれない

せんせいが このこの ために
かみに かいて つたえてくれた

⑰

⑱

⑲

⑳

㉑

㉒

㉓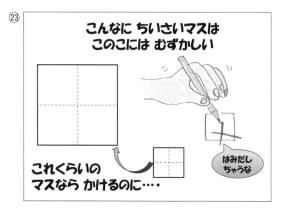

㉔

がんばって
なんども けしながら
じかんを かけて かいていた

そしたら せんせいが
おおきな マスめの プリントを
このこのために つくってくれた

㉕ おおきい マスめの プリントに
いっしょうけんめい かいている

これって…

ずるい？　　ずるくない？

㉖ ひらがなを かくことが もくてきだから
おおきくかく このこも れんしゅう できてるね

みんなが
もくてき たっせい

このこが
おおきい マスめに かくこと
と
だいを 2つ つかうことは
おんなじだね

㉗ このこは
じっとしている ことが にがて

がんばって がまんしている けど
からだが もじもじ してきちゃう
しずかに しなくちゃ いけないときは たいへん

㉘

きょうは おんがくかい

しずかに
じっとしてなくちゃ
いけない

㉙

15ふん くらいで
そわそわ
もじもじ
してきた

㉚ みんなは 1じかんくらいは
じっとして いられる
でも このこは げんかいみたい

そしたら せんせいが
このこに
こっそり つたえて いたよ

㉛ ほんとうは きゅうけいじかんは
45ふんご だけど……

トイレに いって
おちついたら
もどって おいで

うん

㉜

トイレに
いってきて
おちついた

㉝

㉞

㉟

㊱

㊲

㊳

いろいろな にがてが ある

㊴
だから
ひつような ことは
それぞれ ちがう

みんな それぞれ
やりかたは ちがっても
もくてきを たっせいする ために
がんばっている

㊵

みんな それぞれ

子どもたちに「全員同じ」に接する平等が大切？

　先生は、「子どもたちに平等に接する」こと、全員に平等に物理的に同じ対応をすることが大切と考えがちです。でも、子どもたちは、そもそも不平等な状態で教室に集まってきています。能力も、生まれ月も、家庭環境も、育ってきた生育歴も、皆それぞれ違います。つまり、小学校１年生なら、３月生まれの６歳の子と４月生まれの７歳の子が同じ教室で勉強していることになります。就学前に大人とのかかわりの中で多くの言葉かけや体験をしてきている子もいれば、さまざまな理由で大人からの言葉かけが極端に少ないまま成長した子もいます。つまり、豊富な言語体験から言葉を上手に使える子と、言語理解や表出の力が育っていない子が同じ教室で学習することになるのです。もし、平等にするなら、能力も、生まれ月も、家庭環境も、生育歴も、すべて平等にしなくてはなりません。でも、それはすでに不可能です。

どの子にも、公平に「目標を達成するための支援」を届ける

　文章を読んで内容を理解することが目標の授業で、漢字が読めない子がいる場合、「その子にだけふりがなをつけたら平等ではないから…」と、ふりがなを禁止するでしょうか。文章中の漢字をふりがなで読むことができれば、目標である「文章の内容理解」に近づくことができます。漢字が読めない子へのふりがなは、目標に近づくために台を１つ使うことと同じです。

　全員に平等に支援する発想でいけば、全員にふりがなつきの教材を配ることになります。つまり全員が台を１つずつ使うのと同じです。平等に台を配っても、背の低い子は１つの台だけでは、サーカスを見ることができません。その一方で、背の高い子が必要のない台を使っている状態になります。

　また、ひらがなの読みもたどたどしく、ふりがながあってもスムーズに読むのが難しい子がいる場合は、ふりがなつきの教材を配るだけでは支援は足りません。読み上げのためのＩＣＴ機器は、背の低い子が台を２つ使うことと同じです。こうして、どの子も学習の目標を達成するために、それぞれに必要な支援を届けることが公平な対応です。そうすれば、みんなが同じスタートラインに立って、「文章を読んで内容を理解する」という目標に向かって学習を進めることができます。

そもそも、目標は何？

　目標が明確なら、目標を達成するために一人ひとりに必要な支援が違って

きます。そもそも、目標が何なのかを考えれば、方法にこだわる必要はないのではないかと思うこともあります。

　例えば、好きな本を紹介する紹介文を書く学習で、原稿を書いた後に、原稿を暗記して全員に紹介する場面を設定していたとします。ワーキングメモリが弱いため覚えることが難しい子どもがいたとき、本人から「僕は覚えるのが難しいから、（原稿を）見て発表していいですか？」と言われたら、先生はどうするでしょう？

①「わかりました。あなたは特別に原稿を見て発表していいですよ」

②「発表が最後になってもいいから、ぎりぎりまで暗記を頑張りましょう。
　ぎりぎりまで練習して覚えられなかったら、見て発表してもいいですよ」

③（みんなに「暗記して発表しましょう」と伝えている手前）「暗記できるまで発表はできません」

④（暗記することが目的ではないので）「相手に伝わるように発表するための工夫を考えましょう」

　④は、暗記という方法にこだわらず、好きな本を紹介するときの話し方、伝え方を工夫することが、学習の目標と考えています。①だと、暗記することにハードルが高い他の子が「ずるい！　僕も暗記しないで発表したい」と言うかもしれませんが、先生としてはそれをどう考えるのでしょう。

　②と③は、学習の目標を考えたときに、本当に必要なことでしょうか。学習のめあてを考えたとき、暗記して発表することは方法であり、目標ではありません。このように、本来の学習の目標ではないところでやり方を指定し、それ以外の方法を許容しない場合もあるように思います。

　どの子も一人ひとり、目標達成のための学習方法は違います。山登りにたとえるなら、頂上に到達するためにいくつかのルートがあり、どのルートを選択しても頂上を目指すことができればよいのではないでしょうか。

とはいえ、全員に、それぞれのやり方を認めるのも難しいけれど…

　学校は集団行動が大事です。一人ひとりに別々のやり方を認めてしまえば、40人に対して1人の先生で対応することが難しくなるでしょう。ですから、全員に決まったやり方で学ばせることが多くなります。つまり、全員1つずつの台で目標を達成させようとすることが多いのが現実です。

　例えば国語の学習で考えると、文章を目で追いながら読むことに難しさがある子、他者の感情を理解するのが難しい子、声に出して発表することに困難さがある子、人前で話すことに不安を抱いている子など、学びにくさは一人ひとり違います。読むことに難しさがある子がリーディングスリットを使ったり、人前で話すことが不安な子がＩＣＴ機器を活用して発表したりする

ことが「公平」に支援を届けることです。でもなかには、見たことのない支援グッズを使っている子を見て、「ずるい」と言い出す子もいると思います。

　先ほど紹介した紙芝居には続きがあり、読みの困難な子がiPadの読み上げ機能を使う場面があります。この場面だけは、何人かの子どもが「ずるーい」と素直に声をあげていました。読みの難しさは子どもたちが理解しにくいことと、珍しい機械を使っていることへのうらやましさがあったようです。周りの子どもたちへも、その子は何が苦手で、支援がどんなふうに役に立っているのかを知らせていくことや、「ちょっと、うらやましいよね」と気持ちを受け止めるかかわりが必要なのだと思います。

　周囲の子どもたちに「ずるい」と言われたら、学習の目標と合わせて、目標を達成するための手段はそれぞれ違っていてよいことを説明すればよいのです。「Aさんは、～が苦手だから、○○を使って学習している」「Bさんは、～が難しいから、○○があると勉強がうまくいく」など、それぞれの子が、それぞれの支援方法で学習する場面を経験するにつれ、それぞれのやり方が珍しいことではなくなり、「ずるい」と思わなくなります。

　先生が目標を達成するための道筋を1つだけに決め、その決まったやり方を強制し、他のやり方を認めない姿勢があるときほど、子どもたちが「ずるい」と言い出すように思います。できる限り、どの子にも必要な支援を行っていれば、必要な台の数を提供していれば、目標を達成するためのやり方はそれぞれでよいことがクラスの中で当たり前のこととして認識されるでしょう。友達が1人、別のやり方を選択していても、もはや「ずるい」とは思いません。「全員に平等」にするのではなく、「全員に公平」に必要な支援を提供し、それぞれのやり方を認めていくことが、一人ひとりへの配慮を自然に進める最大の近道なのだと思います。

より深く学ぶための読書ガイド

　合理的配慮に関してはたくさんの書籍がありますが、「公平」「平等」の概念をより深く考えさせられる本として、次の2冊がおすすめです。
中邑賢龍・福島智編『バリアフリー・コンフリクト—争われる身体と共生のゆくえ』
　東京大学出版会、2012年
　　障壁（バリア）を取り除く（フリーにする）ことで起きるさまざまな衝突・対立（コンフリクト）を知ることで、公平性について考えることができる本です。
ヨシタケシンスケ・伊藤亜紗『みえるとか　みえないとか』アリス館、2018年
　　"違いを考える"絵本です。自分と違うところのある人を、自然な興味を持って知ることが描かれています。

4 教育モデル「心のピラミッド」

教師の言葉や教えが心にしっかり根づく子どもがいる一方で、何度言っても根づかない子どもがいるのは、なぜか？
子どもたちに「心のつよさ」をどのように育てたらよいか？
この2つの問題意識に答える教育モデルが「心のピラミッド」です。
「心の基礎」は、①〈人間のよさ〉体験、②心のエネルギー、③社会的能力の3つの層で構成されます。この3つの視点で子どもを見ると、子ども理解が深まり、かかわりのポイントが明確になります。

菅野　純

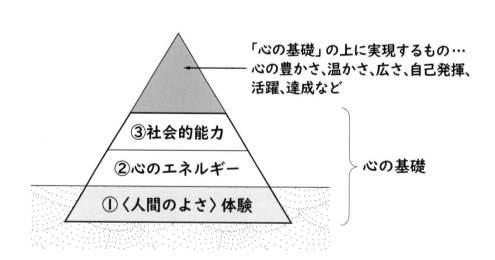

「心の基礎」の上に実現するもの…
心の豊かさ、温かさ、広さ、自己発揮、活躍、達成など

③社会的能力
②心のエネルギー
①〈人間のよさ〉体験

心の基礎

「心のピラミッド」の背景 ⋄▫◾▫◾▫◾▫◾⋄

教育が根づく子ども・根づかない子ども

　長く教育カウンセリングの仕事をしながら、私は2つのことがいつも気にかかっていました。その1つは、

> 〈悩みやつまずきが、アドバイスを行うことで打開・改善されたりするケースがある一方で、いくら丁寧に問題をアセスメントし、言葉を尽くしてアドバイスしても一向に解決せず、問題が繰り返されたり、時には悪化してしまうのは、なぜか?〉

という疑問です。学校教育で言えば、

> 〈教師の言葉や教えが心にしっかり根づく子どもがいる一方で、何度言っても根づかない子どもがいるのは、なぜか?〉

という問いかけになるでしょう。

　教育カウンセリングの場面ではアドバイスだけでは問題の改善につながらない例が多く、これまで開発されてきたカウンセリング技法をはじめ認知行動療法などさまざまな心理療法的技法は、「(アドバイスなどによって)頭ではわかっても、行動につながらない」ケースへの対処法として開発されてきたと言っても過言ではありません。

　ところが学校教育の場面では、教育指導の言葉が心に届き成長や問題改善に何らかの効果が見られる例が少なくありません。「一を聞けば、十を知る」子どもさえもいるのではないでしょうか。教育はそうした子どもの存在を前提として行われていると言ってもよいでしょう。

　問題は、教師がさまざまな工夫を重ねて投げかけたものが一向に実らない子どもたちです。知的能力は高いと思われる子どもでも「指導が入らない」「教師の言葉が届かない」子どもたちが一定数いることです。どのクラスには"残念な子ども"がいるのではないでしょうか。「あの子は、いいものを持っているのに、なぜやる気がないのだろう?」といった子どもです。

「心のつよさの育成」の視点から

　もう1つの問題意識は、

> 〈子どもたちに「心のつよさ」をどのように育てたらよいか?〉

というテーマです。

　いつの時代にも、人生には困難さや挫折経験がつきまといます。経済的には一時代前よりもはるかに豊かになった現代でも、精神的困難さは、子どもの人生の前に立ちふさがります。恥かき体験、挫折体験、他者からのからか

い、いじめ、孤立、虐待……といった精神的困難が生じたとき、それを何とか克服しその経験を糧としてさらに豊かに歩む子どもと、精神的困難体験がトラウマとなり容易に立ち直ることができず不適応状態に陥ってしまう子どもの違いは何でしょうか。

この問いかけは、物質的には豊かになった現代における「心のつよさをいかに育成するか」という問いかけとも言えます。

私は「つよさ」に、あえて「勁」という漢字を使います。「勁い」とは「草のつよさ」を表します。風が吹いても折れず、踏みしだかれてもまた立ち直る「勁さ」……が誰にでも必要ではないか、と考えるのです。「回復力」とも言える「心の勁さ」は現代心理学でいう「レジリエンス（resilience）」にあたるものかもしれません。

教育モデル「心のピラミッド」まで

私は数多くの教育臨床事例にかかわりながら、子どもの健全な心の発達には、教えやアドバイスが根づくための豊かな基礎（土台）、それもちょっとやそっとの衝撃では壊れないしなやかな勁さを持った基礎が形成されることが不可欠ではないかと考えました。この基礎づくりこそ、家庭教育や学校教育における「心を育てること」ではないか、と。

では、「心の基礎」は具体的に何から構成されるものなのか。健全な心の基礎にはどのような要素が必要か。それを知るために私は、大きな不適応状態に陥ることなく成長した子どもたちの心を調べることにしました。不登校などの臨床事例の検討とともに、非臨床事例の分析を行うことにしたのです。

具体的には、不登校の事例研究と並行して「登校行動の研究」を行いました。不登校に陥ることなく、あるいは不登校を経験しても、思春期を乗り越え、大学生までたどりついた学生を対象として、「あなたは、なぜ不登校にならなかったのか？」「（不登校経験者には）不登校から立ち直った理由は何か？」というアンケート調査を行い、分析を行いました。同様に「あなたが、いじめから立ち直った理由は？」「（いじめを経験しなかった者には）いじめ被害者や加害者にならなかった理由は？」という調査も。

そうした経緯から私なりに提案するのが、「心のピラミッド」という教育モデルなのです。

３層の「心の基礎」からなる「心のピラミッド」

心のピラミッドは、①〈人間のよさ〉体験、②心のエネルギー、③社会的能力の３層からなる「心の基礎」から構成されています（図１）。

① 〈人間のよさ〉体験

　一番底辺にあるのが「〈人間のよさ〉体験」です。〈人間のよさ〉体験とは、「人間っていいなあ」という体験です。たいていの子どもが生まれてから初めて体験するのは、「お母さんのよさ」でしょうか。「お母さんって、いいなあ。いい匂いがするし、ふわふわするし、やさしく抱っこしてくれるし、お腹が空くとおっぱいをくれるし、しっかり守ってくれるし、お話ししてくれるし、ほめてくれるし…」といった体験です。同じように、「お父さんっていいな」「おばあちゃんっていいな」「先生っていいな」「友達っていいな」などと、「人間っていいなあ」という体験が、成長とともにたくさん蓄積されていくのが望ましいのです。

　私たちは、日常場面でその子の〈人間のよさ〉体験の蓄積を、それとなく知ることができます。何らかのかかわりを持ったときに「かわいい子だな」「素直な子だな」という印象を抱かせる子どもは、多くの場合、〈人間のよさ〉体験を十分に体験してきている子どもだと考えてよいでしょう。「かわいい子」「素直な子」と感じた子どもには、その後出会ったときにも何かしら肯定的なかかわりをするのではないでしょうか。そうしたことが繰り返されると、子どもの側の〈人間のよさ〉体験はどんどん増えていくことでしょう。

　これとは対照的に、こちらは親しみを込めて投げかけたり、その子のことを心配して投げかけたりしているのに、「何よ、この人」「なぜ私ばかり注意されるの」といった反応が返ってきたとしたら、私たちはどのような気持ちになり、どのような態度をとるでしょうか。教師やカウンセラーでない普通の大人の立場では、「かわいげがない」「じゃあ、勝手にすれば」などと、その子にかかわらなくなってしまうのではないでしょうか。そうした反応をした子どものほうも「どうせ、人はそんなものだ」「人とかかわってもいいことない」と、人とのかかわりに多くを求めなくなってしまいます。

　子どもたちの行動を〈人間のよさ〉体験という視点で見てみると、その子の将来の人間関係の原型が浮かび上がってくるのです。

　加えて、現代では〈人間のよさ〉体験どころか、〈人間の怖さ・おぞましさ〉としか言いようのない体験をせざるを得ない子どもも少なくありません。例えば、虐待を受けた（受けている）子どもたちです。本来、守られ、愛されるべき人から、身体的な暴力を

図1　心のピラミッド

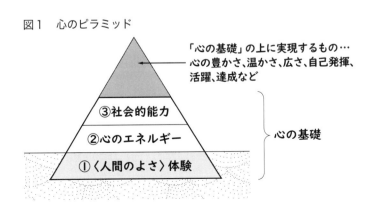

「心の基礎」の上に実現するもの…
心の豊かさ、温かさ、広さ、自己発揮、活躍、達成など

③社会的能力
②心のエネルギー
①〈人間のよさ〉体験

心の基礎

振るわれたり、悪態を浴びせられるなどの言葉による暴力、あるいは無視されたり放任される……といった体験が積み重なった子どもは、「人間っていいな」と思うでしょうか。子ども自身が虐待を受けなくとも、両親の諍いや暴力沙汰を毎日のように見て暮らす子どもも、〈人間の怖さ・おぞましさ〉を体験するはずです。

　心のピラミッドのこの層が地面に埋まって図示されているのは、〈人間のよさ〉体験が、学校教育以前の家庭生活の中で形成される度合いが大きいことを示します。

　もし目の前にいる子どもが〈人間のよさ〉体験を十分にしていない、あるいは〈人間の怖さ・おぞましさ〉体験をたくさんしてきている、と感じた場合は、教師はどのようにしたらよいでしょうか。

　私には「1㎜でも、2㎜でも」というフレーズが浮かびます。「私とのかかわりで、1㎜でも、2㎜でも、『人間っていいな』と感じてほしい」。そう願ってかかわるのです。そこに、隣の先生の1㎜が加わり、さらに別の先生の1㎜が加わって、いつのまにかその子の〈人間のよさ〉体験が厚みを持ってくることを信じて。

②心のエネルギー

　「心のエネルギー」は、元気や意欲（やる気）の「素」となるものです。

　わが国の学校教育では、教育目標などに「元気」「やる気」という言葉がよく使われます。しかし、元気ややる気を子どもたちにいかにして出させるか（心の中に湧き起こさせるか）という方法については、貧しい感じがします。「元気出しなさい！」「やる気出せ！」といった、頭に訴える“指導”が旧態依然として行われることが多いのではないでしょうか。そのように指導されて元気ややる気が出てくる子どもは少数派と言わざるを得ません。もともと元気ややる気が枯渇している子どもは、そうした言葉でいっそう元気ややる気を失うこともあるのではないでしょうか。

　心の底から元気や意欲が湧いてくるためには、頭に訴えるだけでなく、心を中心とした身体全体へ訴えることが必要なのです。

　心のピラミッドのモデルでは、心のエネルギーを3つの要素からなるものとしています。「安心できる体験」「楽しい体験」「認められる体験」です。

安心できる体験

　親が自分の問題で手一杯で殺伐とした家庭環境の中では、元気ややる気を出したくとも容易に湧いてこないでしょう。心の中を不安が占めてしまうからです。子どもの心は湧き起こる不安を鎮めるのに精一杯となり、元気は吸い取られ、やる気どころではない状態となってしまいます。クラスでいじめ

のターゲットになり、「いつ、いじめられるか」と不安にかられている場合も同様です。守られた安心できる環境があって初めて、子どもは元気や意欲が湧いてくるのです。

楽しい体験

　楽しいとき、人間にはさまざまな意欲が湧いてきます。子どもにとって楽しく思えるのは、どんなときでしょうか。私はこれまで、幼児期から高校生までの子どもたちと、プレイルームでたくさんの時間を過ごしてきました。その経験の中で、１つの大きな発見がありました。子どもたちは楽しさを求めるけれど、ただダラダラとゲームをしていれば満足するわけではないということです。むしろ子どもたちは、"真面目な楽しみ"を求めていると感じることが多々ありました。

　"真面目な楽しみ"の一例を挙げてみましょう。私の造語になりますが、「プラスの変身」と名付けている楽しみがあります。プラスの変身とは、「できなかったものが、できるようになった」「わからなかったものが、わかるようになった」という体験です。「できなかった自分から、できる自分へ変身する」「わからなかった自分から、わかる自分に変身する」体験、とも言えるでしょう。こうしたプラスの方向への変身が起こると、心の中に「楽しい！」「もっとやりたい！」という意欲が湧いてきます。

　そうした体験は誰にでもあるはずです。「浮き輪なしで泳げるようになった！　自分の力で泳いでいる！」と知った瞬間、「もう泳ぐのをやめよう」とは思わないでしょう。「もっと、泳いでいたい」と思うのではないでしょうか。「因数分解、わかった！」と思った瞬間、「もっと問題を解いてみよう！」と思うのではないでしょうか。教師が「わかる授業」のために教材研究をしたり指導方法を工夫したりするのも、「わかった！　できた！」という子どものプラスの変身を通して、次に挑戦する心のエネルギーを与えているとも言えるのです。

　指導者側にとって大事なことは、プラスの変身が生じたとき、何らかの形で「言語化」してあげることです。「こんなに記録が伸びたね」「〜がきれいに決まるようになったなあ」などと一度でも言語化されたものは、子どもの中に蓄積され、さらなる成長を支える糧となるからです。

　"真面目な楽しみ"の例をもう１つ挙げましょう。それは「感動体験」です。何かに感動したとき、心の中に「よし、自分も頑張るぞ」というエネルギーが湧いてきます。同時にその感動を他の誰かに伝えたい、他の誰かと共有したいという前向きのエネルギーも湧くはずです。カウンセリングに来談する子どもが、自分の好きな歌手のＣＤを持ってきたりすることがよくあります。誰かと感動体験を共にすることは、この上ない楽しみでもあり、それ

だけ自他ともに心のエネルギーの湧いてくる源泉にもなるのです。学校教育の中にあるさまざまな行事は、いつもとは異なる非日常場面での感動体験を通して、子どもたちに授業などの日常場面では得られない心のエネルギーを与えるものだったのではないでしょうか。

認められる体験

ほめられれば誰でも、元気ややる気が湧いてくることでしょう。しかし「子どもをほめるだけでいいのだろうか？」という疑問を持つ人もいると思います。

あえてほめることのマイナス面を挙げるならば、「結果とその見返りだけを求めてしまう」「自己愛が強くなり他者を認めることができなくなる」「調子のよいときはいいが、悪くなるとやるべきことを投げ出してしまう」「他者からの批判に弱くなる」「苦手なことに挑戦しようとしない」……などが考えられます。

大人側が子どもを思うように仕向けようと操作的であればあるほど、子どもは"変化"しますが、成長とともに自分が大人のいいように操作されていることにも気づくはずです。挫折体験をきっかけに大人不信に陥り、爾来やる気を失ったり、反抗的になったする例は、カウンセリングの場で少なからず見られるのです。意識的にであれ無意識的にであれ、大人が子どもを操作することは「支配」することでもあるからです。「ほめられても心の底からうれしくなかった。むしろ、いつほめられなくなるのか不安だった」という優等生の息切れ型の不登校の子どもの言葉が思い出されます。

教育指導には、望ましい方向に育ってほしいという大人の願いが込められており、操作的意図がまったく不必要ではないのですが、「自分はこの子ども（たち）に何を願っているのか？　それは子どもにとって本当に大切なことなのか？」という内省的視点も大切なのです。

子どもの心にエネルギーを与える「認められる体験」にするためには、次の点を大事にしたいものです。

> ・「doing（何かすること）」だけでなく「being（そこに存在していること）」も認める。子どもが何をしても、しなくても、かけがえのない存在として認める。
> ・「認める」言葉や表現を常にみがいていく。認める言葉のボキャブラリーを増やし、また非言語的な表現（ふるまい、表情、態度）にも心を配っていく。

私は「認めること」を「心の中にたくさんの○（まる）を付けてあげるこ

と」と表現することがあります。心の中が「○」でいっぱいであれば、自己信頼感が生まれます。誰かから「あいつをからかうとすぐ泣くからおもしろいよ」と誘われても、「僕はそんなばかなことをしない」と断ることでしょう。何か困難に出合っても「自分は何とか乗り切れるはずだ」と頑張ることもできるのではないでしょうか。心理学で言う自己効力感（self-efficacy）も高くなるはずです。

　教室で見られる「残念な子」は、心の中に「×（ばってん）」がたくさん付いていることが多いものです。心の中が「×」ばかりになってしまうと、子どもは無気力になり自暴自棄になってしまうことでしょう。教師が、1つでも2つでも、その子の心に「○」を付けてあげたいものです。

③社会的能力

　心の基礎の3層目は「社会的能力」です。「社会性」「社会力」「社会的行動」「ソーシャルスキル」などの表現もあります。私は児童生徒向けには「社会生活の技術」という言葉を使います。社会的能力とは、社会の中で生活していく際に必要とされるさまざまな力です。

　社会性の大事さはこれまでも指摘されてきましたが、「年齢相応の社会性が身についていない場合にどのようにしたらよいか」については、永らく十分に検討されてきませんでした。わが国では「そのうちに、自然に身につく」と考えられてきたふしさえうかがえます。しかし、社会性は本能ではありません。放っておいてはいつまでたっても身につかないものだ、と痛感されるようになったのです。これまで「放っておいても」身についたように思えたのは、"見えない教育"があったためでした。世間体を気にする家庭のしつけと地域の教育力です。その2つが自然消滅しかかっている現在では、社会性は放っておいては身につかない、という自覚がまず第一に必要です。

　社会的能力は「学習」していくものなのですが、学習が成立するためには、まずモデルがあり、それを模倣し、何度も反復して、実践を経験することが必要です。その過程でほめられたり、修正されたりすることも。

　「あの人は社会性がない」と言う場合、あたかも社会性が性格の1つであるかのように聞こえ、それを獲得するにはどうすればよいかという視点が出にくいことを私は危惧しました。「社会的能力」という用語を使うことによって、「社会性がない」とは「性格という固定的なものではなく、いくつかある社会的能力の中の1つが十分学習されていない」ととらえ、これからどうすればよいかという発達成長への具体策も出やすくなるのではないでしょうか。

　心のピラミッドでは、表1（次ページ）のように、青年期後期までに子どもが身につけてほしい社会的能力を6つ提案しています。

表1　青年期後期までに子どもが身につけてほしい社会的能力

①自己表現力	自分の気持や考えをしっかりと伝え、相手の気持ちや置かれた状況をふまえて適切な表現ができる力。
②自己コントロール力	待つ、耐える、我慢する、気持ちを整える、冷静になれる、など感情に振り回されずに行動する力。
③状況判断力	今自分は何をすればよいのか、どのような状況にいるのか、この状況はこれからどのように展開しそうか、などを判断する力。
④問題解決力	直面する問題に対して、年齢に応じた解決を試みる力。
⑤親和的能力	挨拶から始まり、相手の話を丁寧に聞いたり、時に励ましたりしながら、人と親しくコミュニケーションする力。
⑥思いやり	年齢相応の思いやりを言語化や行動化する力。

　子どもたちのこうした社会的能力を育成するために、学校教育として留意すべきことを以下に挙げておきましょう。

・学校場面ではこれらの社会的能力上の問題が一番目につきやすいが、それを支える2つの基礎（土台）が存在することをふまえた指導を行う。すなわち、〈人間のよさ〉体験に問題があれば、まずは少しでも〈人間のよさ〉体験を増やし、次に〈心のエネルギー〉を十分満たした上で、社会的能力の育成を図る。

・社会的能力の育成は、未学習→学習のプロセスで考える。「やらない・やろうとしない」のではなく、「できない・やり方がわからない」という前提で、まずモデルを示し、「何を、どうすればよいか」をわかりやすく伝え、時にはスモールステップで指導する。

・保護者だからと言って社会的能力が十分身についているとは限らない。むしろ小学校・中学校レベルでは、保護者と子どもをセットとして指導していく。保護者にも親としての社会的行動を示し「育てる」という姿勢が必要。

・最低、年に1回は、学校レベルあるいはクラスレベルで、子どもにも保護者にも、「家庭と学校は異なること。家で許されても学校では許されないことがある」ことを伝える機会をつくる。

・社会的能力の問題は、誰にとっても一生の課題である。教師も、保護者や子どもたち同様「学徒」であることを教師間で共通理解し、モデルとしての役割を持つ教師自身の社会的能力のあり方を常に研鑽する。

　これらの３つの「心の基礎」の上に実現するのがその人なりの個性であり、心の豊かさ、温かさ、広さ、深さ、やさしさ、しなやかさ、勁さなど、人望とも言える諸特性であり、自己発揮、活躍、達成などはそれらを活かして行われるのです。

　こうした「心の基礎」から構成される「心のピラミッド」の教育モデルを使って、いじめや不登校の予防や、よりよいクラスづくりを支援するために、子どもたち個人の心の基礎と集団の構造を測定する調査ツールも開発されています（菅野純グループ編『ＫＪＱマトリックス・小学校版・中学校版・高校版』実務教育出版）。

教師自身の心のピラミッド ˙▫˙▪˙▫˙▪˙▫˙▪˙▫˙

　いかがですか？　ここまで読まれた過程で、クラスの誰彼を思い浮かべたりしながらも、「はたして自分の心のピラミッドは？」と立ち止まられた読者もいるのではないでしょうか。

　次ページに、読者である先生方がご自分の心のピラミッドを確認する際のチェックリストをつくってみました。「良好だ」と思われる項目にチェックを入れて、ぜひ一度、ご自身で確認してみることをおすすめします。

より深く学ぶための読書ガイド

菅野純グループ編『ＫＪＱマトリックスガイドブック―よりよい学級・クラス経営のための実践サポート集』実務教育出版、2012年

　子ども一人ひとりの「心のピラミッド」の状態を調べると同時に、クラスの心の発達の質的構造を明らかにする調査ツール「ＫＪＱマトリックス」の解説書。ＫＪＱマトリックスを取り入れた授業の展開方法や保護者へのフィードバックの仕方なども具体例をもとに説明しています。

菅野純『教師の心のスイッチ―心のエネルギーを補給するために』ほんの森出版、2009年

　さまざまな教育課題に対応しなければならない教師は、その心も日々酷使されています。教師が自分自身の「心の基礎」をどのように大切にしていくか。心にやさしく染み込む“読むサプリメント”を目指した本です。

教師自身の心のピラミッド　チェックリスト

①私の〈人間のよさ〉体験は？

- □ 学校でかかわる〈子どものよさ〉体験は？
- □ 〈保護者のよさ〉体験は？
- □ 〈同僚のよさ〉体験は？
- □ 〈管理職のよさ〉体験は？
- □ 〈友人のよさ〉体験は？
- □ 〈配偶者のよさ〉体験は？
- □ 〈わが子のよさ〉体験は？
- □ 〈自分の親のよさ〉体験は？
- □ 〈自分のよさ〉体験は？

②私の心のエネルギーは満タンか？

- □ 心に不安がない
- □ 自分の存在が仲間集団から受け容れられている
- □ 自分のことを正しく理解してくれる同僚・管理職がいる
- □ 職場に来るとやる気が湧く
- □ 仲間と切磋琢磨している実感がある
- □ 自分の居場所が職場にある
- □ 学校での子どもとのかかわりが楽しい
- □ 子どもから好かれている
- □ 授業準備や授業が楽しい
- □ 保護者から信頼されている
- □ 家族から信頼されている
- □ 家族といると心が安らぐ
- □ 家族は自分の価値を認めている
- □ 他者をほめたり認めたりすることが多い
- □ 感謝の言葉をよく言う
- □ 趣味やスポーツなど、自分なりの楽しみを持っている

③私の社会的能力は十分か？

- □ 子どもと信頼関係を築く能力は？
- □ 子どもたちが意欲が湧くような指導能力は？
- □ 子どもがよく理解できるように教える力は？
- □ 子どもの成長発達を評価する力は？
- □ 危機状況に対応する力は？
- □ 保護者と信頼関係を築く力は？
- □ 保護者の気持ちをくみとる力は？
- □ 保護者と面談する力は？
- □ 集団としての保護者とかかわり、協力関係を築く力は？
- □ 同僚や管理職と人間関係をつくる力は？
- □ 会議などをまとめる力は？
- □ 同僚を援助する力は？
- □ 時にリーダーシップをとり、時にメンバーとして役割をこなす力は？
- □ 自分の意見をよく伝わるように表現する力は？
- □ 人間関係から来る葛藤に耐える力は？
- □ 自分の心身の健康を維持する力は？
- □ 自分の行動を必要に応じて修正する力は？
- □ 家庭と仕事とのバランスをはかる力は？
- □ 地域人として活動する力は？

第2部

シンプルな図で心理技法のエッセンスを！

5 解決志向アプローチ 「リソースと解決に焦点」

子どもたちの問題行動は、原因が入り組んで特定できないことや、原因が取り除けないことがしばしばあります。問題や原因ではなく「解決」に焦点を当て、子どもたちの内外のリソース（資源）を材料に、解決像をイメージしながらかかわる解決志向アプローチは、子ども理解・かかわりを劇的に変える手法です。

黒沢 幸子

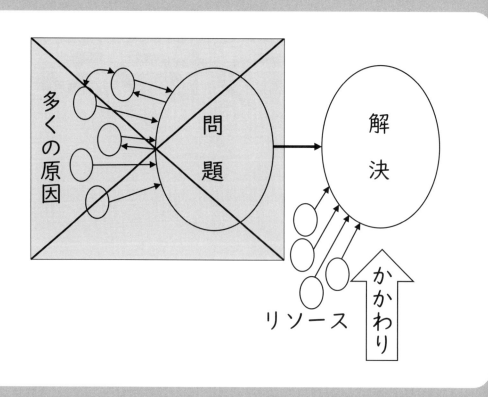

「今日の夕飯は何にしよう…」と冷蔵庫を開けるとき ˙□.■˙□.■˙□.■˙□.■˙

　「腹、減ったな〜。夕飯は何をつくって食べようかな」とか「今日は帰りが遅くなったわ、とにかく急いで子どもたちにご飯つくらなくちゃ」とか、そんなとき、まずは「え〜と、何があったかな」って冷蔵庫を開けてのぞき込みます。「何が使えるかな」「何が残っていたかな」と、冷凍庫、野菜庫も次々開けて、チェックします。

　卵がある（1個だけ）、使い残しのベーコンとかまぼこがある（賞味期限は微妙）、冷凍ご飯がある（2膳分程度）、冷凍むき海老、冷凍ミックスベジタブル、大根、ピーマン（使い残し）、小松菜（しおれ気味）……よし、チャーハンと味噌汁でいくか！　そうと決まれば、自動的に身体は動く。解凍したり、みじん切り…。ちゃっちゃかやって、無事ご飯にありつける。

　これは、私たちの日常"あるある"の状況。こんなとき、誰が、なぜ「冷蔵庫に牛ステーキ肉が入っていないのか」とか「新鮮な刺身やシャキシャキの野菜が入っていないのか」と、ため息をついて冷蔵庫を閉め、うちひしがれるでしょうか。「先日、休みの日に家族とハイキングに出かけて、買い出しするヒマがなかったのがダメだった」とか「今日、緊急の生徒の案件に対応して遅くなり、スーパーに寄れなかったのがよくなかった」等々、その原因を考えて、そのままそこで何もせず、考え込む人がいるでしょうか。

　さらに、こんなことを問題視・原因視して、自分や他者を責めたり、深刻に落ち込んでいる──そんな情景があったら、多くの人は笑うでしょう。

　私たちは、普段、そんなに「問題」や「原因」をいちいち考えたりしないで、望む「解決」の姿（手際よくおいしい夕飯にありつく）を手に入れるために、有るもの、使えるもの、役立つものを見つけて、適宜新たに「解決」（手際がよくおいしい夕飯）をつくり続けているのです。

　それって、左ページの「解決志向アプローチ」の図に似ていませんか？

「感染症モデル」と「慢性疾患モデル」 ˙□.■˙□.■˙□.■˙□.■˙

　頭が痛い、熱が出る、体がだるい等の体調の「問題」が生じたとき、何かの細菌やウィルスなどに感染したためにこのような症状が出ている可能性があります。そこで治療では、菌やウィルスなどの「原因」をまず特定し、それに効く適切な薬を投与します。「問題」である症状に対して、鎮痛剤や解熱剤を服用して症状を緩和させることもありますが、菌やウィルスなどの原因が消退すれば、自然に熱は下がり、頭痛や腹痛などの問題も治まります。こ

図1　原因・問題志向アプローチ（感染症モデル）

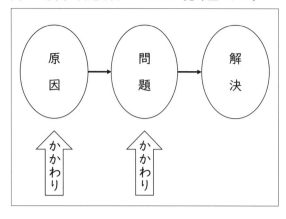

うした治療方法は医学領域で言えば「感染症モデル」と呼ばれているもので、「原因・問題志向アプローチ」（図1）なわけです。近代医学は、この感染症モデルに基づいて発展してきました。

　そして多くの心理療法モデルも、心の病や不調を治すということから、基本的にはこのモデルを心の領域に当てはめて形づくられてきたと言えます。

　医学の発展にともない、感染症対策はかなりの成果を上げ、そのリスクは大きく低減しました。一方で、現代人を悩ませているのは、循環器系の疾患、糖尿病、リウマチなど、もちろん癌もそうですが、その多くがいわゆる慢性疾患です。これには誰も異論はないでしょう。したがって、現代医学の主な関心領域は、いわゆる慢性疾患に移ってきているわけですが、そうなると感染症モデルは使えないのです。

　例えば「高血圧の原因は、塩分の過剰摂取」などと、一義的に決まるのなら簡単でいいのですが、そんなに単純ではありません。高血圧は遺伝子レベルから、物理・化学的環境、そして本人の生活習慣と関連があり、ストレスなど心理社会的な問題によっても血圧は変動します。ストレスも、職場や家庭のこと等々が絡み合っています。もはや高血圧の原因は、無数にあるとしか言えません。これらの原因を、これもあれもと全部特定することは不可能でしょう。さらに「原因→問題・症状」という方向だけでなく、問題や症状が原因に影響を与えていたり、原因同士が影響しあっていたりで、複雑きわまりないことになります。

「原因」はいろいろ。多くの場合、取り除けない

　感染症モデルのような「原因を特定し、それをやっつける」という発想では、もう慢性疾患には対応できません。これが心の話になったら、もっと複雑で、原因を特定できると考えるほうが不自然です。つまり、直線的因果律で理論構築されてきたモデルには、大きな限界があるのです。心の問題で仮にいくつかの原因が特定されたとしても、その原因を取り除くことは、多くの場合、ほとんど不可能なのです。

　不登校の原因は、一言で言うとしたら、「いろいろ」というのが正解でしょう。なぜなら、その原因は、親の育て方、夫婦関係、嫁姑関係、きょうだい

関係どれもあり得ますし、友人関係、教員との関係、クラスの状況や学級風土、部活、受験、学業不振、不本意入学、本人の特性、試験不安、学校教育システム、教育施策、また経済状況、地域事情、少子化、世界情勢等々、ミクロにもマクロにも原因は見出せるでしょう。そして、それらが絡み合ってもいます。

　不登校のケースで、仮に親の育て方が原因だと特定できたとしても、もう育てちゃったわけです。誰も不登校にしようと思って育てる親なんていません。原因・問題・解決を直結して考えてしまうと、親を追い詰めたあげく、「過去は変えられないし…。もう、どうしようもない」という結論にもつながってしまいます。

「問題」をつくっていませんか？

　ところで、そもそも不登校は「問題」と言えるのでしょうか。現代は、学びの機会の多様性について国も後押しを始めていますし、過去に不登校を経験して、現在活躍している方々にも多く出会います。立場や状況により「問題」とも言えるし、「問題」でないとも言える。

　驚かれるかもしれませんが、実は、先生や援助者が「問題」をつくっていることもあるのです。「問題はつくられる」ということも知っておくとよいと思います。

　例えば、椅子があります。この椅子は問題でしょうか。頑丈で座り心地もよく、座って疲れを取ったり、会話や食事をしたり、仮眠もできます。役に立っているし、よい椅子で、何も問題ありません。

　でも、折りたためませんし、少し大きいので、狭い部屋では場所をとります。さらに、先日、祖母が椅子の角につまずいてころび、打ちどころが悪く、入院してしまいました。また、その孫が思春期で荒れており、親子バトルになって、そこに頑丈な椅子があったばっかりに、椅子を投げつけ、椅子は凶器と化しました。こうなると、この椅子は非常に危険な椅子であり、「この椅子があるのは大変に問題だ」ということになるわけです。

　椅子に何も罪はありません。この椅子の存在そのものが「問題」なのではなく、この椅子にどんな「言葉」を付与するかで問題は成立することになります。この椅子を「凶器と化す危険物」と表現したら、この椅子は「問題」になるわけです。

　「不登校」や「いじめ」についても、「問題はつくられる」という側面があります。

　「学校に行かない」ということも、時代を百数十年もさかのぼれば、学校に

行っているほうが問題だったと言えるでしょう。地道に田畑を耕したりせず、蘭学など学びに通っているのは問題です。現代は、「学校に行かない」ことについて、「登校拒否」「不登校」という言葉（が付与されていること）を誰もが知っており、「登校拒否」「不登校」という言葉が市民権を得て、日本中に蔓延していったと言えます。

　また、「いじめ」という平仮名3文字の名詞は、一説によれば大手新聞社が論説の中で使ったのが始まりだと言われています。それ以前は「いじめられる」とか「いじめる」という動詞の言葉は使われていても、「いじめ」という名詞は一般に用いられていなかったそうです。今では「いじめ防止対策推進法」と、法律にまでなっている確固たる言葉です。残念なことに「いじめ」は言葉の成立とともに一般化してしまったわけです。

　ある現象を問題だとする「言葉」が当てはめられることによって、まるでウィルスに感染したかのように、問題が蔓延していく。このことから、「言葉はウィルス」と呼ばれることもあります。

　ある母親は、保護者面談で、担任から「お子さんは、ここのところ落ち着きがなく、友人とのトラブルも出始め、大変問題です。家庭でも問題はありませんか？　放っておくと、もっと問題はエスカレートしますよ」と言われ、驚き不安になりました。その日以来、母親は毎日、「今日は、学校でどんな問題があったの。何か悪いことをした？」と学校でのことを問いただします。家庭でも子どもの問題探しをしては、それを子どもに指摘するようになりました。

　子どもにしてみれば、実は少年サッカーチームで多少理不尽なトラブルがあり、確かにその影響で、学校でも落ち着かない気持ちでいました。それでも、自分なりにそれに耐え、なんとか頑張って結果を出しつつあり、家庭でうまく甘えることでバランスをとっているところでした。そんなことは母親も先生も知りません。ところが、母親が問題探しの姿勢に転じたことから、子どもはさらに落ち着きがなくなり、学級でのトラブルが増え、家庭でも問題行動が増えるようになってしまいました。

　当初、担任は細やかに子どもを観察しており、小さな変化を見逃さずに母親に伝えたこと自体は悪くなかったはずです。しかしながら、それを「大変問題」とし、さらなる問題の存在を暗示し、問題がエスカレートすることを予言してしまいました。それが母親にも感染して、どんどん「問題がつくられて」いったわけです。

　同様のことは、スクールカウンセラーや医師も行ってしまいがちです。例えば不登校について、「この問題は時間がかかりますね」といった言葉が、変化を阻む言葉のウィルスになることもあり得るわけです。

「問題志向アプローチ」と「解決志向アプローチ」

　さて、心の問題に対するかかわり方にも、「問題に焦点を当て、原因を解明するかかわり」と、「解決に向けて歩み出すかかわり」の２種類があると言えます。前者のかかわりが「問題志向アプローチ」、後者のかかわりが「解決志向アプローチ」です。

　問題志向アプローチの原因究明作業は、特に予防対策を考えるときには必要です。しかし、不登校の原因は「いろいろ」という例のように、問題志向アプローチの作業だけでは、実際の目の前のクライエントには、十分に役には立ちません。

　解決志向アプローチでは、「解決に向けて歩み出すかかわり」に焦点を当てます。この発想の転換が、なかなか難しいところです。すでに述べたとおり、医学モデルは基本的に問題志向アプローチだからです。病気の問題や原因を、早く的確に発見できる人ほど優れた治療者であるという価値観が根強いわけです。従来の多くの心理療法も同様に、問題志向アプローチでした。

　ここまで見てきたように、「原因」は「いろいろ」、「問題」は「つくられる」のだとすれば、「原因」や「問題」に焦点を当てても、「解決」にはつながりにくいことがわかります。したがって、解決志向アプローチの枠組みでは、「原因」と「問題・症状」の連関と、「解決・治癒」は切り離して考えます。つまり、別物なのです。

探すのは「問題」ではなく、リソース！

　「解決に向けて歩み出すかかわり」に欠かせないもの、つまり「解決」をつくるために欠かせない材料が「リソース」です。リソース（resource）は、直訳すると資源ですが、「有るもの」のこと、「使えるもの」「役に立つもの」のことです。

　冒頭の冷蔵庫の例で、夕飯をつくるために「何があるかな」と探していたものは、実は「リソース」です。「無いもの」はリソースにはなりません。何ができていないのか、何がうまくいっていないのか、といった「無いもの」あるいは「問題」をいくら探しても、「解決」は手に入りません。「無いもの」から、夕飯はつくれませんから。使い残しの食材などが役に立ったように、リソースは、特別にすごいものでなくてもいいのです。

　少し前から、子どもたちの間で『ざんねんないきもの事典』（今泉忠明監修、高橋書店）という本が人気だそうです。その生き物の一見残念に思う特徴や欠

点に見えるところが、実は、その生き物を生かす（進化の過程で生き残り、適応する）ための強みや工夫、仕組みだとわかることに、子どもたちは心動かされるのでしょう。その生き物の"残念な特徴"は、もちろんリソースです。

　何でもリソースになり得ます。リソースは、「内的リソース」と「外的リソース」の2つに大きく分けられます。

　クライエント自身が持っている内的リソースとは、好きなこと、得意なこと、興味関心、趣味、頑張っていること、売り、強み、容姿等々。絵が得意、音楽が好き、足が速い、野球が好き、釣りが好きなど、これらすべてがリソースになり得ます。

　また、そのクライエントの周囲にはどんな外的リソースが存在しているのか。友達、家族（親、きょうだい、祖父母）、先生、学校行事、知人、地域、専門機関等々、これらに注意を向けます。人だけでなく、物やペットが重要なリソースになることもあります。例えば、思い出の品、お守り、そして、犬や猫、ウサギ、ハムスター、小鳥、魚などの生き物もリソースになります。ぬいぐるみや人形がリソースとして活躍してくれることも経験しています。人であっても、生きている方ばかりでなく、亡くなった方の存在も、心の救い、癒やし、支えをもたらす大切なリソースとなり得ます。

それでは、リソースはどのようにして見つける？

　解決志向アプローチでは、「クライエントは、彼らの問題解決のためのリソース（資源・資質）を必ず持っている。クライエントが、（彼らの）解決のエキスパート（専門家）である」という発想の前提を持っています。

　リソースを見つけたければ、「この子どもには、この子どもの解決（よい状態や望む未来）をつくっていくのに役立つ宝物が必ずある」と信じて探すことです。そして、その宝物をどのように使っていくかをともに考えていくことです。そのように信じて接していく「姿勢」こそが重要なのです。

　ことわざに「百聞は一見にしかず」というものがあります。英語では、「Seeing is Believing」と表現されるようです。つまり、見れば信じられるということです。しかし、解決志向アプローチでは、その逆の「Believing is Seeing」、つまり、「信じていれば見えてくる」という姿勢を大切にします。「何を信じているか」によって、「どのように見るか」が影響を受け、それにより「何が見えるか」が変わり、そうすると「何をするか」も変わってくるのです。

　子どもに問題があると信じていれば、どこにどんな問題があるかを見て探

します。それにより問題が見つかります。そうすると問題を指導したり直させようとしたり、ときには叱責したりすることになります。一方、子どもに宝物（リソース）があると信じていれば、どこにどんな宝物があるかを見て探します。それにより、子どもができていること、得意なこと、頑張っているところが見つかっていきます。そうすると、得意なことを活かせるようにしたり、頑張っているところをほめたりしていくことができます。相手は同じ子どもなのに、まったく正反対の状況が生まれます。

　「自分は問題だらけだ。いつも叱られてばかり…」ととらえ「先生や親は自分の問題を見つけて注意する人だ」と思うのと、「自分はよいところや頑張っているところがたくさんあるんだ…。先生や親は、自分のよさを見つけて、自分を励まし一緒に考えてくれる人だ」と思うのと、どちらが、子どもの成長発達に役立つかは、議論の余地はないでしょう。

　リソースで最も見つけやすいのはその人の好きなこと、得意分野です。「今、夢中になって、ワクワクするようなことは何ですか？」と本人に聞いたり、保護者や先生から見て、それが何かを聞いたりすることから始めましょう。

　私の場合は、「『売り』は何ですか？」と聞くことが多いです。どんなに問題を話されても、「ところで、親御さんから見て、お子さんの『売り』は何ですか？」と保護者に尋ねます。同様に、先生から子どもについての相談を受けた場合も、「先生から見て、その子の『売り』は何ですか？」と必ず聞きます。本人であれば、「自分では、自分の『売り』は何だと思う？」と尋ねたりします。これは私の常套句です。例えば「この子は、勉強は嫌いなんですけど、一度見ただけで、キレッキレのダンスが踊れるんですよ〜」といった話が聞けるかもしれません。

　そして、「お子さんは何で食っていけるようになると思います？」というような質問もします。必ずしも具体的な将来の進路や職業を聞いているわけではなく、本人のリソースを引き出すために尋ねています。

知っておきたい「例外」という概念

　さて、ここでリソースを引き出すための、さらに大切な観点をお伝えします。解決志向アプローチにおいて、最も重要な切り口となるのが「例外」という概念です。この「例外」という概念が発見されたことを契機に解決志向アプローチが開発されていったと言っても過言ではありません。

　「例外」とは、問題が起こらないですんだとき、少しでもうまくいったとき、ましだったとき、続いてくれたらよいこと、などを指します。仮に例外的に起こったことであったとしても、実際に起こったのですから、それは「成

功の実例」であり、注目に値することです。

　例えば、友達に暴力を振るって頻回にトラブルを起こす子どもが、あると
き、いつもならまた相手を殴ってしまう場面で、殴らずにその場を離れ、別
の友達に話しかけて穏やかに過ごしたという出来事があれば、それは「例外」
と言えます。

　その「例外」について、「どのようにしてそれが起こったのか？」「何がよ
かったのか？」「何が役に立ったのか？」「いつもと何が違っていたのか？」
といった「成功の責任追及」にあたる質問をして、本人のリソースを引き出
し、これからもそのリソースを活かしてそれを繰り返し起こせるようにする
わけです。そうすることで、よい状態を増やし「解決」をつくっていきます。

解決像が持つ力 ˙▫˙■˙▫˙■˙▫˙■˙▫˙

　望む未来や解決の状態をつくる材料となるリソースを引き出すために質問
をするのと同様に、「解決」（望む未来や解決の状態）についてもクライエン
トや子どもたちに質問します。

　「それがどうなっているといいのでしょうか？」

　「最も望んでいることはどのようなことですか？」

　「明日が最高の一日になっているとしたら、どのように過ごしていますか？」

　問題や原因をスルーして、方法論も不問にして、これから先の未来にポー
ンと飛ばし、解決像を具体的に思い描いてもらいます。なにしろ、「原因」と
「問題」の連関と、「解決」は別物ですから。

　リソースや「例外」が必ずあると信じて質問すると見つかっていくのと同
じように、「解決」の姿（どうなったらいいか）についても、クライエントや
子どもは、本当は知っていると信じて質問するわけです。

　「解決志向」の発想の前提、つまり「姿勢」こそが重要であることを述べて
きましたが、それは端的に言えば２方向の「解決」について焦点を当ててか
かわることです。１つは、「すでにある解決」つまり「リソース」です。「すべ
てのクライエント（子ども）は、自分の問題を解決するのに必要なリソース
（資源）と強さを持っている」ということ。そしてもう１つは、「これから起
こる解決」つまり「解決像（望む未来の姿）」です。「すべてのクライエント
（子ども）は、自分にとって何がよいことかをよく知っており、またそれを望
んでいて、彼らなりに精一杯やっている」ということです。

　「自分にはこんなリソースがあるんだ」とわかることで、その後の言動がよ
い方向に変わっていく子どもは大変に多いわけですが、「自分はこんなふうに
なっている」と解決像を具体的に思い描くことによって、まるでドミノ倒し

のように解決に結びつくことも少なくありません。

　ある小学生は、過干渉で個性的な母に育てられ、内省的で読書や絵を描くのが好きな少女でしたが、友人が少なく、嫌なことを「イヤ」と言えない傾向にありました。唯一彼女のそばにいる友人から嫌がらせをされることが続き、母親はその友人と離れるようにきつく言いました。しかし、本人は、それができず、持病の喘息も再燃していました。

　本人との面接で、4コマ漫画を一緒に描くことを提案すると、まず、友人から嫌な言葉を浴びせられている状況を描きました。そこで、「今晩、あなたが寝ている間に天使がやってきて、(困っていることを解決してくれる)魔法の金の粉をパラパラとかけてくれるの」とコマを進めながら、「明日の朝、目が覚めたら、どんな一日になっているかしら?」と質問して、その様子を描いてもらいました。すると、その最後のコマには、本人から友人に「○○と言ったりするのはイヤだからやめてね」と伝え、友人は「わかった」と答え、また2人で仲良くしていく様子が描かれました。面接の終わりに、本人には彼女自身のよさをたっぷりと伝え、きっと天使の金の粉は効く(実現する)と思うと伝えました。

　本人と面接したのはこの1回だけでしたが、その後、この友人との問題は解決した様子で、本人の体調も改善したとのこと。きっと自ら解決への行動を起こしたのだと思います。小学生であっても、解決像を描くことによって、このように大きな力が発揮されます。

　ある高校生は、さまざまなことがうまくいかず、親や教師たちの期待を裏切るようなこともしてしまい、落ち込んでやる気を失い、不登校傾向になっていました。そこで、「あなたが最も望んでいることは何? 本当はどうなったらいいと望んでいるのかな?」と尋ねると、しばらく黙ってからやっと口を開き、「そんなこと誰も聞いてくれなかった」と言いました。「考えたこともなかった」と。「え〜!? それを考えないで他に何を考えるの?」と思わず突っ込みたくなりました(が、控えました)。彼女は、今までうまくいかなかった問題やその原因ばかりを考えて、堂々巡りしていたと言います。

　そして彼女は、自分が望んでいる進路について、また日々をどのように過ごすことを望んでいるのかを、泣き笑いの表情で語り始め、具体的に思い描いていきました。それから、自分にできる具体的な小さなチャレンジを始め、彼女は大きな変化を起こし、望む進路を(驚くような努力をして)実現していきました。まさにドミノ倒しの光景を見るようでした。

　この高校生の事例は、解決志向ブリーフセラピーの面接の「時間的な流れ」(図2)をよく説明してくれるものです。従来の心理療法の面接では、「過去」のことを聞き、何が悪かったかについて問題や原因を考える作業に時間を割

図2 解決志向ブリーフセラピーの面接の「時間的な流れ」

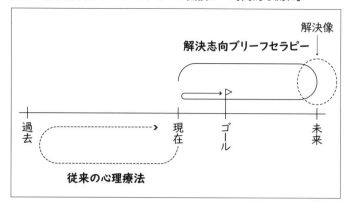

きますが、解決志向ブリーフセラピーでは、まず「未来」のことを聞きます。つまり、「解決像（望む未来の姿）」を十分に具体的に思い描いてもらう作業を行います。それだけで、クライエント自身が現在何をすればよいのかがおのずとわかり、一気に解決に向かうことすらあります。また、そこから「現在」に引きつけて、大きすぎず、具体的で役に立つことをゴールにして取り組むことを話し合うのも役に立つ作業となります。

学校で使える「タイムマシン・クエスチョン」

解決像・未来像をつくる手法として、「タイムマシン・クエスチョン」が有効であることを多くの事例から経験しています。タイムマシンに乗って、何年後かの未来をありありと見にいくのです。その未来の情景を、べき論ではなく、見えること、聞こえることなど映像的にイメージしてもらうのです。

ある高校生は、病気がちな母親とぶつかることが多く、飲酒・喫煙や不良交友などが急激に目立ち始め、校内でも問題視され、中途退学も目前に迫る勢いでした。彼女との面接で、「タイムマシン・クエスチョン」を用いて、20歳の自分を見にいったところ、大学のキャンパスを楽しく友人とテキストを抱えて歩いている姿をありありと語りました。本人の状況からはすぐには結びつかない未来像でした。しかし、この面接が契機となり、彼女はつきものが落ちたように、交友関係を整理し、問題行動から決別していきました。周囲の友人たちや担任を大いに驚かせるほどの変化を見せたのでした。

ある中学生は、家庭内での暴言と嘘、学校内での暴力をともなう友人とのトラブルが問題になっており、何度かの指導も功を奏さず、本人は自暴自棄になっていました。そこで「タイムマシン・クエスチョン」で、20年後（30代）の自分を見にいってもらうと、「かっこいい男になっている」と語り、それが具体的にどのような素養や行動なのかを尋ねると、いろいろと話してくれました。その未来の自分から今の自分にアドバイスをしてもらうように促すと、「母親に『ありがとう』を言うこと。友達に対して頭に来たときには、その場を離れること。大丈夫だから」と述べました。その後、彼の状態は飛躍的によくなっていきました。

問題や原因から離れ、リソースと解決像でかかわる！

図3　解決志向アプローチ（慢性疾患モデル）

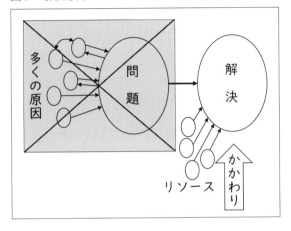

　今まで述べてきたことは図3に集約されます。原因や問題にばかり目を向けるのではなく、リソースを材料に解決像をイメージしながらかかわることで、まさに「子ども理解・かかわりが劇的に変わる」ことを経験してもらえるはずです。

　そして、これは個別の事例だけでなく、クラスや学校をよい状態にしていくことにも当てはまります。いじめや不登校などの問題に目を向ける代わりに、最高のクラスはどんな状態なのか（解決像）、このクラスですでにできていること、うまくいっていることは何か（リソース）に焦点を当て、それを皆で見つけ話し合っていくことが、実は解決への近道になります。子どもたちに、問題の責任ではなく、解決の責任を持たせる学校づくりを推進していくためにも、この図は大きなヒントになるでしょう。

より深く学ぶための読書ガイド

森俊夫・黒沢幸子『〈森・黒沢のワークショップで学ぶ〉解決志向ブリーフセラピー』ほんの森出版、2002年

　解決志向ブリーフセラピーについて学ぶとき、ファーストチョイスとなる本です。ＫＩＤＳカウンセリング・システムの夏期集中研修「解決志向ブリーフセラピー初級」の内容をもとに、解決志向ブリーフセラピーの基本的な考え方・哲学や面接マニュアルを具体的に紹介しています。対話形式で研修の様子を再現していますので、読みやすさも抜群です。

黒沢幸子編著『ＣＤ－ＲＯＭ付き！　ワークシートでブリーフセラピー─学校ですぐ使える解決志向＆外在化の発想と技法』ほんの森出版、2012年

　「解決志向ブリーフセラピー」と「問題の外在化」の技法を、学校場面に合ったワークシートに凝縮してあります。ＣＤ－ＲＯＭの中にワークシートのデータが入っているので、自校の状況に合わせてちょこっとアレンジできます。

黒沢幸子・渡辺友香『解決志向のクラスづくり　完全マニュアル─チーム学校、みんなで目指す最高のクラス！』ほんの森出版、2017年

　担任とスクールカウンセラーや養護教諭などがチームを組み、解決志向の視点で授業を見て、「クラスでできていること」を子どもたちに伝えます。すると、子どもたちは「いいクラスにしよう」と動き出します。週1回、1時限、たった5回で大きな変化が生まれる手法をマニュアル化してあります。

6 応用行動分析
「行動のＡＢＣ」

「行動のＡＢＣ」の図は、行動と環境の関係性を表しています。"行動の前の状況（Ａ）"は、"行動（Ｂ）"が引き出されるかどうかに影響し、"行動の後の結果（Ｃ）"は、その行動がまた繰り返されるかどうかに影響します。

行動の前と後の環境を工夫していくことで、子どもたちの望ましい行動を伸ばし、問題行動を減らしていくことができるのです。

庭山 和貴

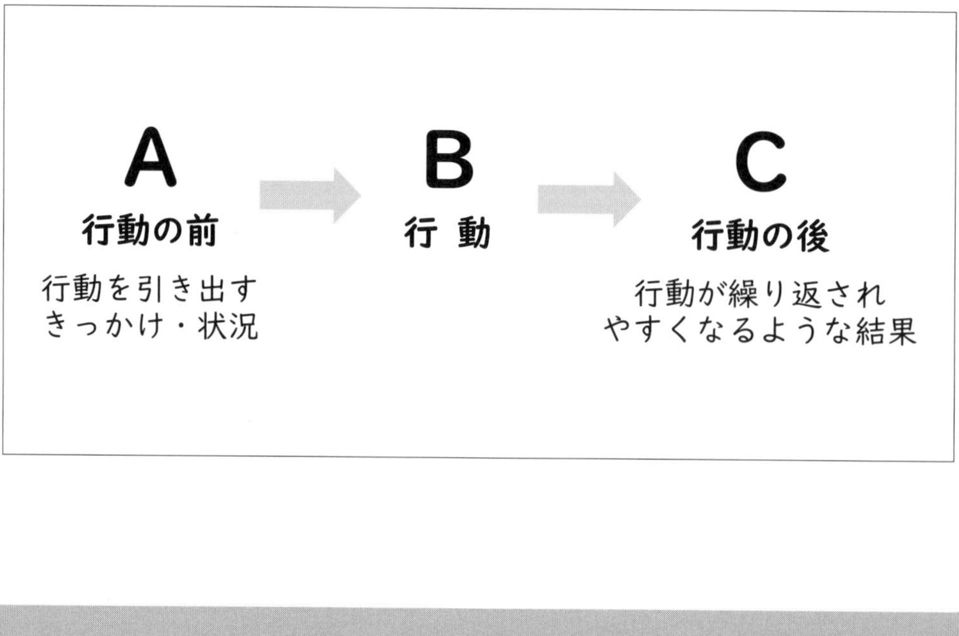

A → B → C

行動の前　　　　**行 動**　　　　**行動の後**

行動を引き出す
きっかけ・状況

行動が繰り返され
やすくなるような結果

学校現場における子どもの行動 ˙□˙■˙□˙■˙□˙■˙□˙■˙

　学校・教室の中で子どもたちは日々、さまざまな“行動”をします。朝、登校時に校門前で挨拶をすることから始まり、授業中に課題に取り組む、挙手・発言をする、教師のほうを向いて話を聞く、さらに休み時間に友達と一緒にボールで遊ぶ、鬼ごっこをする、遊具で遊ぶ、昨日あった出来事について話すなど、これらはすべて“行動”です。子どもたちは学校・教室の中で、常に何らかの行動をしています。

　そして、学校現場で起こる問題は、実はその多くが“行動に関する問題”だと考えることができます。例えば、何度教えても問題が解けない、指示したことができない、物の整理ができない、自分の気持ちをうまく話すことができない、などといった「してほしい“望ましい行動”ができない／してくれない」問題があります。また、授業中に騒ぐ、不適切な発言をする、立ち歩く、自分の意見を押し通そうとする、友達とケンカをする、などの「してほしくない“問題行動”をする」問題もあります。このように、学校現場における問題の多くは、子どもの「望ましい行動が少ない」もしくは「問題行動が多い」のどちらかであるととらえることができます。

　「行動のＡＢＣ」は、これら子どもの問題行動を減らし、望ましい行動を伸ばしていくために有効な考え方を示した図です。ヒトの行動には、科学的な研究によって見出されてきた原理があり、これを社会的に重要な問題の解決に役立てる“応用行動分析”という学問があります。この応用行動分析において、最も重要な考え方を表したのが行動のＡＢＣです。

　“考え方”ですので、「これさえすれば、どのような問題もすべて解決する！」というような特定の指導法や教育プログラムではありません。しかし、行動のＡＢＣについて学ぶことによって、どのような子どもに対しても効果的であるように指導方法を柔軟に“調整”することが可能となります。

　なお、行動のＡＢＣは学習指導にも適用可能ですが、以下ではいわゆる生徒指導面を中心に、子どもの問題行動を減らし、望ましい行動を伸ばす方法について解説します。

「行動のＡＢＣ」とは何か？ ˙□˙■˙□˙■˙□˙■˙□˙■˙

　行動のＡＢＣを理解する上でまず重要なのは、行動は突然起こるものではなく、必ず周囲の状況や教師・他の子どもが何をしているかといった“その子どもを取り巻く環境”と関係して起こっているということです。

　例えば、子どもの「おはようございます！」という挨拶は、朝の校門前で

図1　行動のＡＢＣ

起こり、挨拶をすると教師や友達からの「おはようございます！」という反応があります。誰もいないところで、１人で宙に向かって「おはようございます！」と言ったり、誰も反応してくれないのに挨拶を毎朝し続ける子どもは、通常いません。また、算数の授業中に、教師が「8＋5の答えは？」と発問したら、「13！」と子どもが答え、それに対して教師が「正解です！」とフィードバックするように、授業中の子どもの行動もそのときの課題や指示・状況に関係して起こっています。

　あるいはネガティブな例としては、難しい課題をするよう指示されたときに、子どもが教室から飛び出すと、（教師から叱られるかもしれませんが）難しい課題をしなくてすむかもしれません。子どもの行動とその前後の状況をよく観察してみると、場面・時間帯・場所や、教師・他の子どもが何をしているか／どのように反応しているかといった"子どもを取り巻く環境"と、行動は密接に関係していることがわかります。

　行動のＡＢＣの図（図１）は、こうした行動と環境との関係性を表しています。Ａは"行動の前の状況（Antecedent）"を指し、Ｂは"行動（Behavior）"そのもの、そして、Ｃは行動した後にどのような"結果（Consequence）"がともなうのかを表しています。朝の挨拶を例にとれば、"行動の前の状況（Ａ）"は校門・朝の時間帯、教師や友達の存在といった挨拶をするきっかけとなる状況であり、挨拶をするという"行動（Ｂ）"をすると、それに対して教師・友達が反応するといった"行動の後の結果（Ｃ）"があります。

　そして、"行動の前の状況（Ａ）"は、行動が引き出されるかどうかに影響し、"行動の後の結果（Ｃ）"は、その行動がまた繰り返されるか・続くかどうかに影響します。特に"行動の後の結果（Ｃ）"は、見逃されがちですが、きわめて重要です。行動が引き出されたとしても、その結果が子どもにとって好ましいものでなければ、行動は繰り返されない（続かない）からです。

　つまり、子どもの望ましい行動が増えていくためには、その行動の結果が子どもにとって好ましいものでなければいけません。反対に、問題行動が繰り返し起こっているのであれば、問題行動の後に子どもは何らかの（その子どもにとって）好ましい結果を得ていると考えられます。これらのことについては、後でより詳しく解説します。

また、行動をした直後（できれば数秒以内）に好ましい結果が得られると、その行動はより繰り返されやすくなり、好ましい結果を得るのが遅れれば遅れるほど、行動は繰り返されにくくなります。

　子どもの行動とそれを取り巻く環境にはこのような関係性があることが、数多くの科学的な研究によってわかっています。これを踏まえて、"行動の前の状況（Ａ）"と、"行動の後の結果（Ｃ）"を工夫していくことによって、望ましい行動を伸ばし、問題行動を減らしていくことができるのです。

「具体的な行動」に着目し、望ましい行動を伸ばす

　行動のＡＢＣを用いて、子どもの望ましい行動を伸ばし、問題行動を減らしていくには、まず対象となる行動（Ｂ）を具体化することから始めます。起こっている問題（減らしたい問題行動）や指導目標（してほしい望ましい行動）を「具体的な行動」としてとらえることが重要です。例えば「落ち着きのない子ども」を例にとると、「落ち着きがない」とは「授業と関係のない話を頻繁にする」「指示がないのに自分の座席から離れる」などさまざまな行動が当てはまります。そして、この子どもの指導目標としては、「授業と関係のない話をする回数を減らし、挙手して発言する回数を増やす」「授業中に着席して課題に取り組む時間を増やす」などが考えられます。

　このように問題と指導目標を具体的な行動としてとらえることによって、指導計画が具体的になり，計画を実行に移しやすくなります。なお、受け身（例：ほめられる、叱られるなど）や否定形（例：ケンカしない、しゃべらないなど）は"行動"ではないので、指導計画を立てる際には注意します。

　また重要な点として、問題行動と望ましい行動はまったく同時に行うことはできないので、望ましい行動が増えれば問題行動は自然に減っていきます（図２）。例えば、授業中に立ち歩いて授業妨害をすること（問題行動）と、着席して課題に取り組むこと（望ましい行動）は同時にはできません。着席して課題に取り組む時間が増えれば増えるほど、相対的に立ち歩く時間は必ず減っていきます。

　よって、子どもの望ましい行動が少ないときは当然として、問題行動が多

図２　問題行動と望ましい行動をしている時間の割合

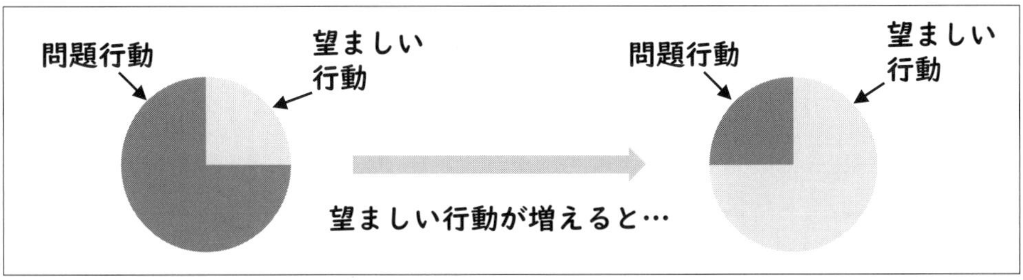

い場合においても、望ましい行動を積極的に伸ばしていくことが重要です。子どもに問題行動が見られるとき、私たちはどうしても問題行動ばかりに注目し、これを減らすことだけに力を注ぎがちです。しかし、問題行動を減らしていくための指導と同時に、望ましい行動を伸ばしていくための指導も行うことで、問題行動はさらに減少していくのです。

すでにできている望ましい "行動（B）" を見つける

　望ましい行動を伸ばしていく上で最初にすべきことは、子どもが "すでにできている" もしくは "たまにならできる" 望ましい行動が何かを見つけ、具体的にしておくことです。例えば、授業に普段はほとんど参加せず、机に伏せている子どもも、時には教科書を開くかもしれません。算数の計算問題が嫌いで、普段は指示された問題を解こうともしない子どもでも、1問だけ解いてみることがあるかもしれません。あるいは漢字を乱雑に書いてしまう子どもでも、枠の中に文字は収まっており、漢字のある一画だけはまっすぐきれいに書けているかもしれません。

　問題行動の多い子どもについて、すでにできている望ましい行動を見つけるのは難しいかもしれませんが、それでもすでにできていたり、たまにならできている望ましい行動がないか、普段の学校生活の中でよく観察してみてください。もしくは、理想とする望ましい行動に近い行動でもよいので、どのようなことができているか探してみましょう。

　焦らず、すでにできている望ましい行動から、徐々により望ましい行動へと伸ばしていくことが指導のコツになります。普段の学校・教室内の子どもの様子を振り返ったり、観察したりして、すでにできている望ましい行動を見つけ、書き出してみることをおすすめします。

望ましい行動を繰り返しやすくする "行動の後の結果（C）" の工夫

　すでにできている望ましい行動をいくつか具体的に見つけることができたら、次のステップとして、望ましい行動の後の結果（C）の工夫（"Cの工夫"）を考えます。行動の後の "Cの工夫" を先に考えるのは、前述したように、行動をした結果が子どもにとって好ましい（「やってみてよかった！」「できた！」などと感じられる）ものであれば、その行動が繰り返し起こるようになるからです。たとえ望ましい行動を引き出せたとしても、その結果が子どもにとって好ましくなかったり、「意味がない」「報われない」と感じられるものであれば、その行動は繰り返されず、続かなくなってしまいます。

　また、現在すでにできている望ましい行動であっても、子どもにとって好

ましい結果がまったく得られていなければ（子どもからすると、やってもまったく報われなければ）、その望ましい行動は徐々に続かなくなってしまいます。反対に、望ましい行動に好ましい結果がともなうと、子どもは望ましい行動を続けやすくなり、より望ましい行動へと発展させていくことができるのです。

　子どもが望ましい行動を繰り返しやすくするための "Cの工夫" としては、以下のようなものがあります。

・教師から注目される、ほめられる、認められる
・どのくらいうまくできているかのフィードバックがある
・どのくらい自分が伸びているかグラフ化される
・他の子どもから注目・称賛される
・好きなシールやスタンプなど欲しいものがもらえる
・好きな活動ができる

　特に、何が望ましい行動かを具体的に述べながらポジティブにフィードバックすることは、日常的にいつでもできて、子どもの望ましい行動を伸ばしていくのに効果的であることが多くの研究によって実証されています。具体的なポジティブ・フィードバックとは、「きれいにノート書けてるね！」「もう準備できたの？　早いね！」「お、さっと視線が集まっていいね！」など、何が望ましい行動なのかを述べながらのフィードバックです。授業以外の休み時間中などにおいても、このようなポジティブ・フィードバックを子どものさまざまな望ましい行動に対して行うことが可能です。

　ただしここで注意すべきことは、子どもによって好ましいと感じられる結果は少しずつ違うということです。例えば、同じほめるにしても、小学校1年生がうれしいと感じるほめ方と、中学生・高校生がうれしいと感じるほめ方は当然異なります。小学校高学年以上であれば、大げさにほめるよりも、「お、○○ができたんだね」と、できていることを教師が声に出して注目するだけのほうが受け入れやすく、望ましい行動が増えやすいかもしれません。また、同じ学年の子どもであっても、教師にほめられるのがうれしい子どももいれば、友達に注目されたほうがうれしい子どももいます。「とにかくほめたらいい」というのではなく、目の前の子どもの様子をよく観察し、「望ましい行動の後にどのような結果があると、子どもにそれが望ましい行動だと伝わるかな？　達成感を持たせることができるかな？」と考え続けることが重要です。ほめるにしても、「○○が上手だね！」「すごい！　もう○○できたの？」「お、○○はいい視点だね！」「○○できるなんてさすが！」など、どのような言葉でほめるのか、どのようなほめ方が子どもに対して有効なのか、

セリフレベルまで具体化するようにしておきます。

望ましい行動を引き出す “行動の前の状況（A）” の工夫

　次に、望ましい行動を引き出す行動の前の状況（A）の工夫（“Aの工夫”）を考えてみましょう。この順番をおすすめするのは、望ましい行動の引き出し方を考える際には、「どのように事前に工夫したら、もっと子どもをほめたり、認めたり、一緒に達成を喜んだりすることができるだろうか？　ポジティブ・フィードバックをしやすくなるだろうか？」という観点で考えることが重要だからです。望ましい行動の引き出し方、つまり、“Aの工夫”から先に考えてしまうと、望ましい行動ができたことへのポジティブ・フィードバックを忘れてしまいがちです。そこで、望ましい行動へポジティブ・フィードバックをすることを一つのゴールとして、そこから“逆算して”望ましい行動の引き出し方を考えるようにします。
　子どもの望ましい行動を引き出す“Aの工夫”としては、例として以下のようなものがあります。

> ・望ましい行動に関する具体的な指示やルールを明らかにしておく
> ・望ましい行動のお手本を見せる
> ・ヒントを提示する
> ・視覚的な補助（補助線を引くなど）を与える
> ・手を添えて補助する
> ・課題難易度を下げる、取り組む時間を短くする
> ・難しい課題の間に簡単な課題を挟む
> ・物理的な環境を整える

　ここで注意すべきこととして、“Cの工夫”と同様に、望ましい行動を引き出すための“Aの工夫”も、子どもによって適切なものが違います。例えば、具体的に指示するにしても、小学校1年生と中学生・高校生とでは、小学校1年生のほうが指示をより細かく分け、簡単な言葉で行う必要があるでしょう。同じ小学校1年生でも、どのくらい細かく指示すべきかは、子どもによって少しずつ違います。
　また、多くの子どもにとって視覚的な情報はわかりやすいものですが、聴覚的な情報のほうが望ましい行動が引き出されやすい子どももいます。望ましい行動へのポジティブ・フィードバックと一緒で、「とにかく具体的に！　スモールステップで！　視覚支援を！」というのではなく、目の前の子どもの望ましい行動はどのようなときに引き出されやすいかの観察に基づいて、

「どのように事前に工夫したら、もっと子どもをほめたり、認めたり、一緒に達成を喜んだりすることができるだろうか？　ポジティブにフィードバックできるだろうか？」と考え続けることが重要です。

難しい場合にはハードルをいったん下げる

　望ましい行動を引き出す"Aの工夫"をしても、望ましい行動をすることが難しく、ポジティブ・フィードバックをしにくい子どもに対しては、求める望ましい行動のレベルをいったん下げることが必要です。求める望ましい行動（B）そのものを工夫することから、"Bの工夫"と言ってもよいかもしれません。

　例えば、挨拶が苦手で、こちらから挨拶をしてもスルーしていた子どもであれば、軽く会釈をするところから始めてもよいかもしれません。また、授業中に15分しか座っていられない子どもであれば、まずは15分間座れたら何らかの好ましい結果が得られるようにするところから始め、徐々に時間を伸ばしていってもよいでしょう。

問題行動のＡＢＣを分析する

　問題行動もまた、望ましい行動と同様に、行動の原理に従っています。もし子どもが問題行動を頻繁に起こしているのであれば、知らず知らずのうちに、その問題行動の前（A）にその行動を引き出すようなきっかけ・状況があり、そして行動の後にはその問題行動が繰り返されやすくなるような子どもにとって好ましい結果（C）があると考えられます。

　問題行動が頻繁に見られる子どもに対しては、このような問題行動のＡＢＣを分析し、それに基づいた指導・支援も行うと、問題行動が減少する可能性が高まります。

　問題行動のＡＢＣを具体的に考えてみるために、例として授業中に頻繁に自分の座席を離れて立ち歩くAくんがいるとします。Aくんの"立ち歩き行動"の前後に何が起こっているかを観察すると、教師が全体への指示・説明を10分以上している場面（A）で、よく立ち歩き（B）、これを教師が座るように注意（C）していることがわかりました。座るように注意されるのは一見好ましい結果には思えないかもしれませんが、教師からの"注目"として、Aくんにとっては好ましい結果なのだと考えられます。

　また、立ち歩き行動が同様に見られるBさんは、算数の個別プリント学習をする場面（A）で、立ち歩く（B）と、算数のプリントをせずにすんでいる（C）かもしれません。嫌いなプリント学習をせずにすむことは、Bさん

にとって好ましいことですので、これによってBさんの立ち歩き行動は繰り返されていると考えられます。

　ここで重要なことは、AくんとBさんは同じ問題行動（立ち歩き）をしているにもかかわらず、その問題行動の前後の状況と結果（AとC）は異なるということです。子どもによって、望ましい行動を引き出すような行動の前のきっかけ・状況（A）と行動の後の好ましい結果（C）は少しずつ異なることについてはすでに述べました。問題行動も同様に、問題行動を引き出してしまっている行動の前のきっかけ・状況（A）、そして問題行動の後に得られている結果（C）は、子どもによって異なります。したがって、見た目は同じ行動であったとしても、子どもによって問題行動を減らしていくために有効な指導・支援方法は異なります。そこで、それぞれの子どもの問題行動のAとCを把握することが必要です。

問題行動の後の結果（C）を見つける

　まずは問題行動を繰り返しやすくしてしまっている行動の後の結果（C）について、何が起こっているかを客観的に観察して把握しましょう。問題行動を子どもが繰り返している場合、行動の後の結果（C）には大きく分けて以下の4つがあると考えられます。

> ・他者（教師や他の子ども）からの注目が得られる
> ・嫌なことから逃避・回避できる
> ・要求が通る
> ・自己刺激（身体内部の感覚）が得られる

他者からの注目が得られる

　これは、先ほどのAくんの"立ち歩き行動"の例のように、問題行動をすると他者から注目してもらえることによって、問題行動が続くケースです。例えば、授業中に不適切な発言をすると、教師が注意したり、他の子どもが笑ったりするなどです。このケースは、子どもからの「もっと注目してほしい！　見てほしい！」というサインだと考えることができます。

嫌なことから逃避・回避できる

　問題行動を起こすことによって、嫌なことから逃れたり、事前に回避できたりするケースがこれに当たります。典型的には、子どもにとって難しすぎる課題を与えたときに、座席から離れたり、プリントを破ったり、教室から出たりすると、（教師から叱られるかもしれませんが）嫌な課題を少しの間だけでもしなくてすむ場合です。あるいは友達から嫌なことを言われたときに、

暴言・暴力をふるうと、その友達は嫌なことを言うのを一瞬かもしれませんがやめるでしょう。このケースは、子どもからの「これは耐えきれないほど嫌です！　やめてほしいです！」というサインだと考えることができます。

要求が通る

欲しいものや他者にしてほしいことがあった際に、問題行動を起こすことによってそれらが得られるケースがこれに当たります。例えば、休み時間に友達とボールで遊んでいて、ルールに関して言い合いになった際に、強い言葉で自分のルールを受け入れるように言うと、友達はそれを受け入れてくれるかもしれません。あるいは、自分の欲しいものがあるときに泣きわめくと、それをもらえる可能性は高くなることが多いでしょう。

自己刺激が得られる

自己刺激とは、行動することによって得ている身体内部の感覚です。例えば、暇なときに貧乏ゆすりをしたり、髪をいじったりするなどが該当します。貧乏ゆすりや髪をいじる程度であれば、あまり問題にはなりませんが、髪を抜いてしまったり、障害のある子どもでは頭を打ちつけるなどの自傷行動に発展してしまう場合もあります。

　子どもの問題行動がなぜ繰り返され、続いているのかについて、上記の4つを考慮しつつ、子どもが問題行動を起こした際に、教師として自分がどのように対応しているか、他の子どもがどのような反応をしているかを振り返ったり、観察したりするようにします。「注目してもらえて、かつ嫌なことからも逃れられる」など、上記で解説したものが重なっている場合もあります。

問題行動の前の状況（A）を見つける ˙□˙■˙□˙■˙□˙■˙□˙■˙

　問題行動の結果（C）として何が起こっているかがわかると、問題行動を引き出してしまっている行動の前のきっかけ・状況（A）も見つけやすくなります。例えば、問題行動によって"注目が得られている"場合には、学級全体への指示・説明が長く続いているときや、教師が他の子どもと長くかかわっているときなど、教師や他の子どもからの注目がしばらくないときが多いでしょう。"嫌なことから逃避・回避している"の場合には、その子どもにとって苦手なことや嫌なことをするよう求められたときが多いでしょう。

　子どもの問題行動を引き出してしまっている行動の前のきっかけ・状況（A）は何か、客観的に把握することが重要です。もし可能であれば、問題行動が起こった日時、場所、問題行動の直前にどのような指示・課題を出したか、どのような行動を他の子どもがしていたか、などについて記録をつけます。このような記録をつけるのが難しい場合には、授業の時間割を用意して

おいて、問題行動が見られた時間帯に丸を付けてみるだけでも、どの教科、時間帯、曜日に問題行動が多いのかを客観的に把握することができますし、問題行動が起こった詳細な状況について思い出しやすくなるでしょう。

問題行動をしなくてもすむようにし、望ましい行動をしやすいようにする

　問題行動を引き出している行動の前のきっかけ・状況（A）と、問題行動の後の結果（C）を把握することができたら、それら問題行動の前後の状況を積極的に変えていくようにします。これによって、問題行動を「しなくてもすむように」し、問題行動が「繰り返されにくく」なるようにしていきます。その反対に、問題行動の代わりとなる望ましい行動のほうが引き出されやすく、繰り返されやすいように工夫しましょう。

　例えば、問題行動の後の結果（C）として子どもが教師や他の子どもからの注目を得ている場合には、逆に子どもの望ましい行動のほうに注目する頻度を増やしたり、他の子どもとやりとりする機会を積極的に設けるようにします。この際、特にそれまで問題行動が多く起こっていた行動の前の状況（A）において、望ましい行動への注目回数を増やすようにするとよいでしょう。これに対して、子どもが問題行動をしているときには、それには可能な限り注目せず、視線も外すようにします。問題行動が授業妨害など、他の子どもに影響している場合には止める必要がありますが、このときにも可能な限り抑制的な声で、視線も外すといいでしょう。

　問題行動によって子どもが嫌なことから逃避・回避しているとき、特に授業中の課題を嫌がっている場合には、子どもが苦手とする課題の難易度を下げたり、課題をする際に補助をしたり、課題をする時間・量を調整することなどが考えられます。また、嫌なことから逃避・回避するためのより望ましい行動として、「教えてください」「休憩させてください」と教師に伝えることを教えることも有効かもしれません。問題行動によって要求を通そうとしている場合も同様に、より適切な要求の仕方を教えて望ましい行動を引き出すようにし、不適切な要求行動に対しては、その要求が通らないようにしま

図3　望ましい行動のほうが引き出され、繰り返されるようにする

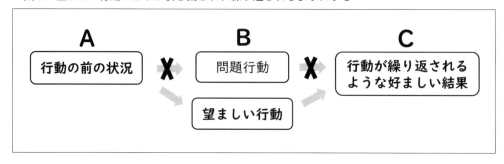

す。

　ポイントは、図3に示すように、問題行動の "代わりとなる望ましい行動" のほうが引き出され、繰り返されやすくなるようにしていくことです。反対に、問題行動は引き出されないようになるべく事前に工夫し、問題行動が起きてしまった際にも、それによって子どもにとっての好ましい結果が得られないようにしていきます。

　問題行動を繰り返しやすくしてしまう「他者からの注目」「嫌なことからの逃避・回避」「要求が通る」「自己刺激」は、これら自体はヒトとして必要なものばかりです。これらを得るための行動が、"問題行動" と呼ばれるような不適切な方法であった際に、問題となるだけです。よって、問題行動では好ましい結果が得られにくくするのと同時に、より適切な方法（望ましい行動）のほうを引き出し、できたときにはきちんとそれに応えてあげる（望ましい行動に好ましい結果をともなわせる）ことが重要です。

行動のＡＢＣを学級全体への指導に活かすには…

　これまで述べてきた行動のＡＢＣは、実は学級集団に対しても有効です。学級集団も一人ひとりの子どもの集まりであるからです。学級経営に活かす場合には、まず多くの子どもに共通して望ましい行動を引き出すような行動の前のきっかけ・状況（Ａ）と、行動の後の好ましい結果（Ｃ）を導入することが重要です。

　例えば、学校・教室内における望ましい行動を具体的に教え、お手本を見せ（Ａの工夫）、そして子どもが望ましい行動ができたら、すかさずポジティブ・フィードバックをするようにします（Ｃの工夫）。その上で、それだけでは難しい子どもに対して、望ましい行動を引き出す行動の前のきっかけ・状況（Ａ）と行動の後の好ましい結果（Ｃ）をより個別化していくのです。

　このような学級集団に対する行動のＡＢＣの活用については、以下の「読書ガイド」を参照してみてください。

より深く学ぶための読書ガイド

大久保賢一『３ステップで行動問題を解決するハンドブック』学研プラス、2019年
　　行動のＡＢＣに基づく問題解決の方法について、詳しく解説されています。
栗原慎二編著『ポジティブな行動が増え、問題行動が激減！　ＰＢＩＳ実践マニュアル
　　＆実践集』ほんの森出版　2018年
　　行動のＡＢＣに基づく学校・学級全体の指導改善について、豊富な実践例が紹介されています。

7 選択理論「願望と全行動の車」

選択理論では、子どもの行動に問題を感じるときも、責めたり罰したりといった外的コントロールを使うのではなく、「本当は、どうなりたいの？」と願望を質問して、内的コントロールの力を引き出していきます。相談にのるときに、「願望と全行動の車」の図を頭に描いたり、紙に書いたりして、5つの質問をしながら「主訴から、真の願望へスイッチ」を目指して相談活動をします。

井上　千代

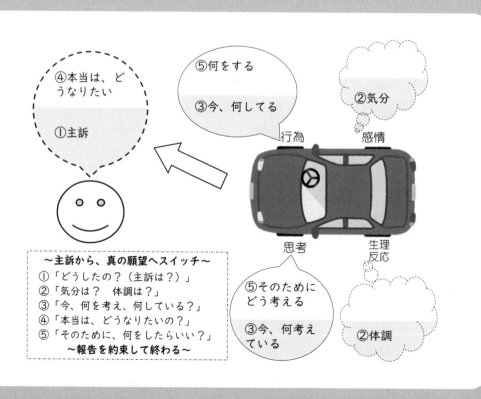

選択理論を一言でいえば

　選択理論は、「人は、なぜ、どのように行動するか」について、脳の働きから説明した心理学であり、あらゆる人間関係に適用できる科学です。

　選択理論を一言でいうと「**他人と過去は変えられないが、自分と現在・未来は変えられる**」と表すことができます。人は自ら気づいて成長したい存在ととらえ、内的コントロールの力を信じてかかわります。

　子どもの行動に問題を感じるときも、責めたり罰したりといった**外的コントロール**を使うのではなく、自分の行動を自己評価できるように、認めたり励ましたりしながら人間関係を築いていきます。その上で、「どうなりたい？」「本当は、どうなりたい？」と願望を質問して、**内的コントロールの力を引き**出していくというものです。

　現在、選択理論の研修講師をしている私は、研修先で、「子どもや部下に対して、厳しく叱ることも必要なのでは？」という質問を多く受けますが、ロールプレイで部下役になってもらい、外的コントロールを体験してもらうと納得していただけるようです。

グラッサーが起こした「奇跡」のレシピ

　選択理論を提唱した、アメリカの精神科医、ウイリアム・グラッサー博士（1925～2013年）は、患者とともに苦しむ中で、「問題を抱えている人は皆、身近で重要な人との人間関係が悪い」ことに気づきました。人の脳が効果的に働くためには「身近で重要な人とのよい人間関係」が必要であることを発見したのです。

　そこで博士は、「脳の働き方」と「人間関係を築く７つの習慣」（図３参照）を選択理論としてまとめ、精神病院や刑務所、学校で教え、劇的な成果を上げました。現在、世界67か国に広がっています。アメリカのロサンゼルス郊外にある女性対象の刑務所で、選択理論を２年以上学んで出所した人の３年後の再犯率がゼロという、奇跡のような数字もあります。

　私は小学校と中学校で養護教諭をしていましたが、20年ほど前、生徒指導に苦慮しているときに選択理論に出合いました。選択理論を取り入れることで、問題行動が皆無で成績優秀な学校が誕生していることを知り、希望を持って選択理論をベースに目の前の子どもたちにかかわることができました。自分なりに実践していく中で仲間もでき、問題状況は好転していきました。

吹き出しが空欄のワークシートのＰＤＦを、ほんの森
出版の本書紹介ページからダウンロードできます。

選択理論の３つの要素 □·■·□·■·□·■·□·■·□

　選択理論はとてもシンプルで、人間関係の存在するところ、いつでもどこでも使える心理学です。まずは選択理論の概要を説明し、それを図式で表した相談活動を紹介します。

　選択理論では、人の行動を次の３つの要素で説明しています。

> ①人は、５つの「基本的欲求」を満たすために行動する
> ②「上質世界（願望）」にどんな「イメージ写真」を入れるか
> ③車の絵にたとえられる「全行動」

　それでは、３つの要素の内容について説明します。

①人は、５つの「基本的欲求」を満たすために行動する

　人は、誰でも生まれつきとも言える５つの基本的欲求（以下、欲求と記します）を持っています。欲求を満たすとよい気分（＝幸せ）を感じます。あなたは、どの欲求が強いですか？　あなたは、それぞれの欲求を満たしていますか？　次の表でチェックしてみてください。

【５つの基本的欲求】

欲求	欲求の意味	度合い 弱１〜強５	充足度 低１〜高５
愛・所属	愛し愛されたい 仲間の一員でいたい		
力（承認）	認められたい 達成したい 人の役に立ちたい		
自由	自分で選びたい 強制されたくない		
楽しみ	自分の好きなことをして楽しみたい		
生存	食べたり、飲んだり、休んだりしたい		

　度合いは、高ければよいというものではありません。生まれつきの性格傾向と言えます。しかし、充足度は高いほど気分がよく、低いと気分が不快になります。

　欲求を満たすコツは、自分の強い欲求を知って満たすことです。忙しい中でも、短い時間でできる欲求充足をこまめにしておきたいものです。例えば、私は、自由の欲求を求める度合いが高いので、15分あれば自分の好みの本を

読みます。すると、気分がよくなります。私にとって読書は、自由の欲求や楽しみの欲求など複数の欲求を満たしてくれるので、繰り返したくなります。

　それにもまして、最も重要なことは、まず、**愛・所属の欲求を満たしておく**ことです。身近で重要な人との人間関係を良好にしておくことで、認められている実感が持て、強制を感じないので自由の欲求も満たされ、楽しみの欲求も満たされやすくなり、ストレスも軽減されるので生存の欲求も満たしやすくなります。

　しかし、欲求を満たさないと、イライラして何かせずにはいられない気持ちになります。そんなときに人は、問題や悩み、症状を抱えがちになります。

　ですから、選択理論では**責任の概念**を「他人の欲求充足の邪魔をしないで、自分の欲求を充足すること」と考えます。

②「上質世界（願望）」にどんな「イメージ写真」を入れるか

図1　上質世界（願望）

　上質世界（願望）とは、基本的欲求を満たす方法・手段のことです。人は、自分の人生をより上質にすると思う人・物・状況・信条などを、イメージ写真として脳に描いています。それを保存している脳の一部を上質世界と呼びます。

　上質世界（願望）の特徴は、人それぞれ違うということです。各々が「これがいい！」と思うイメージ写真を描き、本人のみ出し入れ可能です。まさに、十人十色、百人百色で、その人にとって脳の宝箱のようなものです。相手の宝箱の中身を認めると、その人との人間関係が築かれます。相手の宝箱をけなすと関係が悪化し、その人の上質世界から追い出されます。たとえ、身近で重要な人の宝箱の中身が好きになれない場合でも、そのイメージ写真が相手にとって大切なものなのだと認めることが大事です。

　そして、自分の上質世界に入っている人からは、大きな影響を受けます。上質世界に入っている人の価値観を無視できないからです。グラッサー博士は、子どもであれば、責任ある大人、つまり、親や教師が上質世界に入っていれば、子どもは問題を起こさないと言っています。

　何か問題が起きた場合も、身近で重要な人の上質世界に、大切な存在として入り合っていれば、互いに助け合うことに喜びを感じ、より絆も深まるでしょう。意見が違うときも、話し合って解決することができます。

③車の絵にたとえられる「全行動」

　選択理論では、人の行動は、4つの要素からなる全体的なものと考えます。「思考」「行為」「感情」「生理反応」の4つから成り立ち、人が行動するとき、

図2　全行動の車

いつでも、これら4つが連動していると考えます。

　4つのうち、自分が選んだ思考や行為にともなって、感情や生理反応が影響を受けるので、人の行動の性質を車にたとえています（図2）。

　1人に1台の車、人の車には乗ることはできません。自分の車の運転席に座り、ハンドルを握り、目的地（上質世界のイメージ写真）に向かいます。

　自分自身のハンドル操作によってコントロールしやすい思考と行為を、車の前輪にたとえます。自分の選んだ思考と行為によって、感情と生理反応が変化するので、感情と生理反応を車の後輪にたとえます。前輪の後をついてくるという意味です。

　思考と行為を選択することで、感情と生理反応を間接的に選択しているのです。

　例えば、「みんなからバカにされた」と悔しがり落ち込んでいる子どもは、「今、何を考えている？　何をしている？」と尋ねると、思考の面では「絶対、許さない」と考え、行為の面では「誰とも話さない」ことを選択し、その結果、寂しい感情になり、登校時間になると頭痛という生理反応も起こしやすくなります。

グラッサー博士おすすめの「人間関係を築く7つの習慣」

図3　人間関係を築く7つの習慣と壊す習慣

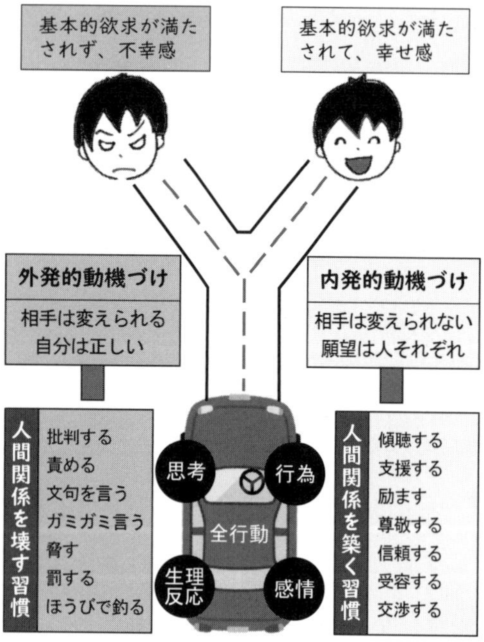

基本的欲求が満たされず、不幸感

基本的欲求が満たされて、幸せ感

外発的動機づけ
相手は変えられる
自分は正しい

内発的動機づけ
相手は変えられない
願望は人それぞれ

人間関係を壊す習慣
批判する
責める
文句を言う
ガミガミ言う
脅す
罰する
ほうびで釣る

思考　行為
全行動
生理反応　感情

人間関係を築く習慣
傾聴する
支援する
励ます
尊敬する
信頼する
受容する
交渉する

　子どもが問題や悩み、症状を抱えて相談に来るときは、問題に焦点が当たり、それを、相手や周囲のせいや環境のせいにしていることがほとんどです（図3の左側）。

　思考の面では、まず、自分の行動によって変えられるものと、自分の行動では変えられないものに区別してもらいます。そして、自分の行動によって変えられるものに焦点を当てて取り組みます。

　行為の面では、教師は支援的な態度で話を聞き、子どものよい面を見つけながら、子どもの成長を信じて、解決について一緒に考えていきます。

　このときに役に立つのが、図3の右側にあるグラッサー博士の「人間関係を築く7つの

習慣」です。ここでは詳述できませんが、図3のように整理できます。

「願望（上質世界）と全行動の車」の図を頭に描いて、質問する `▫▪▫▪▫▪▫▪▫`

　選択理論は、自由な使い方ができますが、「人は上質世界にイメージ写真を描き、それを現実世界で手に入れるために行動している」という理論に沿って、私は、頭に「願望と全行動の車」の図（図4）を描きながら、以下の5つの質問をしていきます。

---

① 「どうしたの？」　→　訴えを聞く

② 「気分は？　体調は？」　→　後輪の状態を把握

③ 「今、何を考え、何をしている？」　→　前輪の状態を把握

④ 「本当は、どうなりたいの？」　→　願望を聞く

⑤ 「そのために、何をしたらいい？」　→　これからの前輪の方向性

〜報告を約束して終わる〜

図4　「願望と全行動の車」と5つの質問

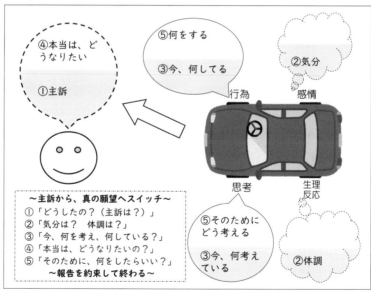

　私が選択理論を学んだ翌日に、次のようなことがありました。保健室に、友達とケンカして怒りをあらわにした小学校3年生のAくんが入ってきました。「どうしたの？」と尋ねると、保健室の床を見つめて地団駄を踏み、ケンカした友達の名前を呼びながら「あんなヤツとはもう遊ばん。友達でもない。自分勝手で…」と悪口をブツブツ言っていました。悔しい気持ちを受容しつつ、「どうなりたいの？」と尋ねると、Aくんの顔がすうーっと上がりました。

そのときの感動が忘れられません。

　それまでの私は、うつむいたままの子どもを励まし、一生懸命に愚痴や訴えを聞き、その後、相手の子にも事情を聞いた上で、仲直りを手伝うこともありました。ところが、「どうなりたいの？」と質問すると、子どもは自分で解決の方向に向かって考え始めたのです。

　Aくんは、最初は「相手に謝ってほしい」と訴えます。「謝ってくれたとしたらそれで満足？　本当は、どうなりたいの？」と聞くと、さらに顔の角度が上がり、「本当は、仲良くしたい」と言います。「仲直りができたら、何をして遊びたい？」と聞くと、今度は天井を見つめながら考え始め、「一緒にサッカーをしたい」と笑顔で話しました。「じゃあ、そのためには、何をしたらいい？」。すると、Aくんは自分で「自分の悪かったところは謝る。自分から誘ってみる」と考えつきました。「じゃあ、いつ実行する？」と質問すると、「休み時間に、自分から謝る」と決めました。「何か先生に、手伝ってほしいことはある？」と尋ねると、「声をかけづらいので、次の休み時間にBくんを保健室に呼んでください」と言いました。

　3時間目の休み時間に同時に入ってきた2人は、口々に「僕が悪かった」「僕のほうが悪かった」と謝り合っていました。そして、昼休みには、運動場で一緒に遊ぶ姿が見られました。

　もし、私が以前のように、「それぞれが、悪かった部分を謝りなさい」と外的コントロールを使って指導していたら、きっと双方が「相手のほうが絶対、悪い！」と主張し続け、帰宅後、「先生はわかってくれない」と親に言いつけたかもしれません。すると、保護者は学校の対応に不満を持ったかもしれません。もし、けがでもしていたら、保護者は学校の対応に不信感を持ち、教育委員会に訴えたかもしれません。

　Aくんの相談は、休み時間の数分間の出来事でした。イライラして授業に行きたくないと言っていたAくんが、自分から教室に戻っていきました。同時に、この数分で、私も選択理論のカウンセリング（「リアリティセラピー」と呼ばれています）を積極的に学び使いたいと意識しました。

「願望と全行動の車」の図を使った相談の実際

　選択理論を学んでからの私は、「どうなりたいか？」に焦点を当て、「願望と全行動の車」の図を頭に描いたり、紙に書いたりして、「主訴から、真の願望へスイッチ」を目指して相談活動をしています。相談の最後に、結果の報告を約束します。よい報告にはともに喜び、うまくいかなかった報告には「挑戦した勇気・挑戦しようとした勇気」を認め励まします。

Aくんの場合を例に、私が頭の中に描いた「願望と全行動の車」の図を書き表して、説明します。

　まず、問題について傾聴しながら人間関係を築いていき、図5のように状態を把握した上で、「どうなりたいの？」「本当は、どうなりたいの？」と質問し、自由に子どもに思い描いてもらいます。主訴から真の願望へ話を移していくわけです。子どもの顔がどんどん明るくなっていきます。その変化を図で表すと図6のようになります。

図5　「友達とケンカした小学校3年生のAくん」の状態把握

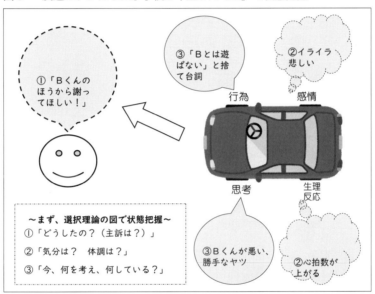

図6　「友達とケンカした小学校3年生のAくん」の主訴から、願望へスイッチ

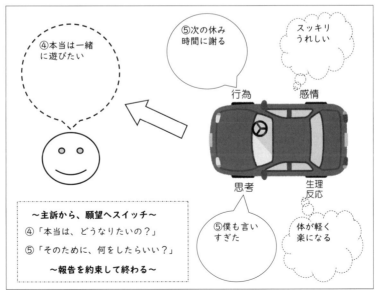

相談を1枚にまとめると、図7のようになります。

図7 「友達とケンカした小学校3年生のAくん」

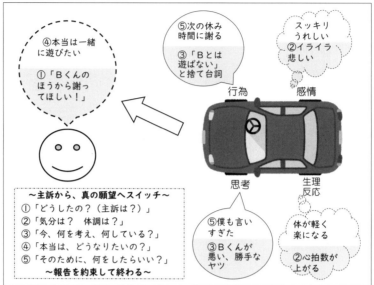

また、保健室では、「学校へ行きたくない」「教室へ行きたくない」という相談が多く、体調不良をともなっていることが多いので、この図はとても役に立ちます。

例えば「学校に行きたくない」と言うBさんの場合を考えてみます。Bさんに、順に質問したり観察したりしていくと、図8のようになります。

問題について傾聴しながら人間関係を築き、「本当は、どうなりたいの？」と質問すると、「うわべだけの友達ではなく本当の友達が欲しい」と答えまし

図8 「学校に行きたくないという中学校1年生Bさん」の状態把握

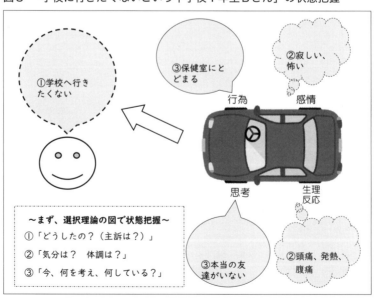

図9 「学校に行きたくないという中学校１年生Ｂさん」の主訴から、願望へスイッチ

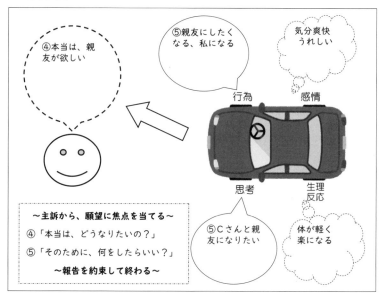

図10 「学校に行きたくないという中学校１年生Ｂさん」

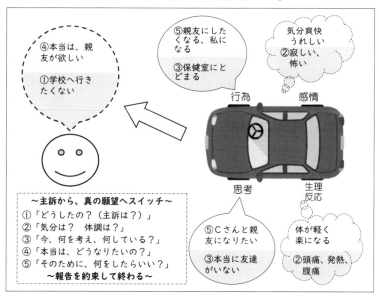

た（図９）。

「本当の友達ができたら、何が変わる？」と尋ねると、顔を上げ、「学校生活が楽しくなる」と答え、その方法について一緒に考えました。

時には、図を前にして私が質問し、子ども自身に書き込んでもらうこともあります。セルフカウンセリングにもなるようです。Ｂさんの場合を１枚にまとめると図10のようになります。

＊

５つの質問に慣れてきた人は、①～③の質問を①「どうしたの？」にまとめ、子どもと一緒に吹き出しの下部を埋めていくのもいい方法です。そして、④⑤の質問で真の願望とそれを実現するための方法を明確にするのです。

より深く学ぶための読書ガイド

柿谷正期・井上千代『選択理論を学校に―クオリティ・スクールの実現に向けて』ほんの森出版、2011年

　　理論と実践例で構成され、明日から学校、家庭ですぐに活用できます。

井上千代『プラン！幸せを育む素敵な人間関係―選んで動こう、動けば変わる』愛媛選択理論研究会、2014年（井上千代のホームページで限定販売）

　　理論と学校での取り組みをシナリオにした「人間関係を築く２秒の習慣」を掲載。

8 ゴードンメソッド（教師学） 「行動の四角形」

「行動の四角形」を使って、相手（子ども）の行動について、
① 「受け入れることができるか、受け入れることができないか」
② 「否定的感情を持っていたり、悩んだりしているのは誰か」
の２点を整理すると、教師と子どもの相互理解関係が始まり、具体
的なかかわり方が明らかになります。

高野 利雄

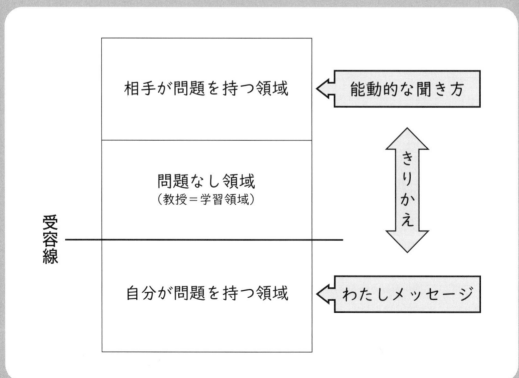

ゴードンメソッド（教師学）は、トマス・ゴードン（1918〜2002年）によって開発された「教師＝生徒間関係づくり」のプログラムで、1986年に日本に導入されました。本稿では、ゴードンメソッドのスタートに位置している「行動の四角形」を紹介していきます。

　行動の四角形は、相手の行動を自分がどう受け止めるかを整理するためのツールです。ゴードンメソッドでは、行動の四角形で整理ができると、次にどうしたらいいのかが明らかになります（95ページにゴードンメソッドの全体像を掲載してあります）。

注意しますか？　聞きますか？

　授業中、あなたが説明をしているときに、2人の子どもがおしゃべりを始めました。「話をやめなさい」と注意しますか。それとも「何かありましたか」と聞きますか。あるいは、そのままに放置しておきますか。それはなぜですか。そういう判断をしたのはなぜでしょうか。

　次の例ではどうでしょうか。5人グループで給食を食べることにしています。あるグループで、食べる前に、子どもたちが野菜を全部Aさんにあげてしまいました。Aさんは野菜が好きだから、ということのようです。他の子の皿には野菜がありません。注意したら、Bくんが「先生は、みんな違って、いろいろでいいって言ったじゃないですか」と言ってきました。どう対応しますか。このままで、子どもたちと互いに理解しあえるでしょうか。

　子どもたちの行動をどう受け止めて、どう伝えるかのすべては、教師の判断と言い方、かかわり方にかかっています。それは、そのまま教師と子どもとの関係になっていき、そのプロセスのすべてから、子どもたちは関係を学び、喜びあるいは不満の感情を持ち、自分のあり方を考え、育っていきます。

「行動の四角形」とはどんなものか、どんなふうに使うのか

図1　【第一段階】の行動の四角形

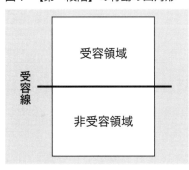

　【第一段階】の行動の四角形の図（図1）を見てください。縦長の長方形に「受容線」と呼ばれる横線を引きます。受容線の上を「受容領域」、下を「非受容領域」と言います。これだけです。

　では、【第一段階】の使い方です。行動の四角形は、相手の行動を自分が受容できるかできないかを整理するツールで、1人の相手に対して1つ描きます。この四角形を通して、相手の行動を見るというイメージで

す。行動とは実際に見聞きできることをさし、「ノロノロと」「だらしなく」「何回も」「大げさに」など、自分の推測や評価は入れません。

　試しに誰か子ども１人思い浮かべ、その子が行動している様子を想像してみてください。例えば《小学校６年生のＣさんが、授業中に鏡を出して髪をとかしている》という行動を、Ｃさんに対する行動の四角形を通して見てみます。

　まず、自分はＣさんの行動に対して受容か、非受容かを判断します。《授業中に髪をとかす》という行動に対して、「そのまま続けていてよい」と自分が思えば相手の行動を受容しているとします。「やめてほしい」「変えてほしい」と思えば非受容であるとします。

　受容（行動をそのまま続けていてよい）の場合は、受容領域に《Ｃさんが授業中に鏡を出して髪をとかす》と書き込みます。非受容（行動をやめてほしい、変えてほしい）の場合は、非受容領域に《Ｃさんが授業中に鏡を出して髪をとかす》と書き込みます。受容か非受容か、どちらか一方になります。

　行動を文章で書き込むのは大変ですから、☆（星印）で書き込み、その内容は自分の中で記憶しておくことにします。そして「受容領域に☆を入れた」「非受容領域に☆を入れた」という言い方をします。

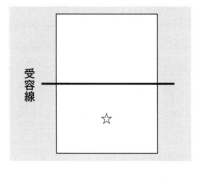

図２　【第一段階】
　　　非受容領域に☆を入れた場合

　☆はどちらか一方の領域に書き込むことになります。受容か非受容かの判断は、相手の行動が引き起こす影響、自分の価値観や好み、感覚・感情、相手の年齢や生活背景や特性など、さまざまな理由から出てきます。どう判断するか、そしてどうするかのすべてが自分です。判断に迷うことがあるかもしれませんが、そんなときには苦しい自分と付き合うしかありません。

　判断は、「教師はかくあるべし」ということでなされるものではなく、素の自分（自分の感情）でなされるのが基本です。迷うときほど自分に問わねばならなくなります。教師という役割ゆえに、自分の判断を偽らざるを得ないことも出てきますので、自己不一致に苦しむこともあるかもしれません。行動の四角形で相手の行動を整理する作業は、自分の本心を見ることになるので自己理解を深める機会になります。

　判断（整理）した後は、現場で指導したり、援助したりしていくことになります。受容であれば、承認するか見守るかして、子どもにその行動を学習させていきます。非受容であれば、行動を改めるように指導したり、援助したりしてかかわっていきます。つまり、判断をした後の指導、援助、かかわり方の学びも必要になってきます（ゴードンメソッドで提示している対応に

ついては、95ページの全体像の図を参考にしてください）。

否定的感情を体験しているのは誰か：問題所有者を明確にする

　次に、行動の四角形を使って、自分として相手の行動を整理する【第二段階】に進みます。【第二段階】では、「否定的感情を持っていたり、悩んだりしているのは誰か」をはっきりさせます。

　【第二段階】の行動の四角形では、受容線の上の受容領域を「相手が問題を持つ領域」と「問題なし領域（教授＝学習領域）」の２つに分けます。行動の四角形は、実際にはこの【第二段階】まで整理して活用されていきます。

　相手の行動を受容線の下の非受容領域に整理したとき、自分（教師）は「困る」「心配だ」「不安になる」といった否定的感情を味わっています。このように教師が否定的感情を持った状態を、ゴードンメソッドではTeacher Owns the Problem（問題所有者は教師である）と言います。ですから、非受容領域は「自分（教師）が問題を持つ領域」と置き換えられ、そこにある☆は「行動の非受容」と「問題所有」の両方を意味することになります。

　誰もが問題所有者（否定的感情を持った状態）になる可能性があります。

　一方、相手（子ども）が否定的感情を持った状態をStudent Owns the Problemと言い、問題所有者は相手になります。これを行動の四角形でどのように扱うかを見ていきましょう。

　例えば、「相手の行動は受容できるけれど、何かあるのだろうか」と気になる場合があります。休み時間に級友と交流せずに１人で窓の外を見ている子（Dさん）のような場合です。そのような行動は変えなくてもいいけれど、《どうしたのだろうかという、こちらの観察》を行動の四角形にはどのように整理できるでしょうか。また、相手（子ども）が否定的感情を持っていたり、悩んで相談にきたり、何らかの特性や事情があることがキャッチできている場合には、ＳＯＳのサインとして行動は受容でき、どんな気持ちなのかが気になります。

　このような場合、受容線の上の受容領域を「相手が問題を持つ領域」と「問題なし領域（教授＝学習領域）」の２つに分け、「相手が問題所有者であるかどうか」を判断して☆を入れることになります。

　ここで、問題所有の以下の２つ

図3　【第二段階】相手が問題を持つ領域に
　　　☆を入れて整理した場合

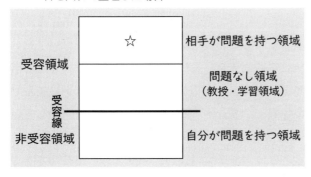

☆
相手が問題を持つ領域

問題なし領域
（教授・学習領域）

受容領域

受容線

非受容領域

自分が問題を持つ領域

の原則にふれておきましょう。

> ①否定的感情、悩みは誰のものか
> ②否定的感情を解消する、悩みを解決する当事者は誰か

　Dさんに対して「休み時間に窓の外を見て過ごすのはやめて、みんなとお話ししようよ。そのほうが楽しいよ」と指導（提案）したら、教師は《どうしたのだろうかと心配している》自分の感情や悩みを解決しようとしていることになります。つまり、行動の四角形で言えば「自分（教師）が問題を持つ領域」、つまり非受容領域に☆を入れている状態です。こうなると、本当の意味でDさんの否定的感情や悩みを解決する援助となっていきません。
　このことだけでも、行動の四角形を使って問題所有者を明確にすることが、子ども理解やかかわりを劇的に変えることを実感していただけることと思います。

否定的感情の解消が「生きる力」をつくりあげる

　行動の四角形で問題所有者を明確にするのは、否定的感情の解消が問題解決の始まりとなるからで、誰がその当事者かをはっきりさせるためです。
　人は否定的感情が解消されていくとポジティブになっていきます。肯定的感情に満たされればなおさらです。「生きる力」「勇気」「自信」「自己肯定感」といったものが高められるからです。それが当事者に起こらなければどうにもなりません。だから、問題所有者を明確にすること、否定的感情を持っているのは誰か、悩んでいるのは誰かを明確にすることが大切なのです。
　子どもが解消、解決すべきことなのに、親や教師が代わりに背負ってしまうことがしばしばあります。親や教師がするべきことは、子どもが自力で解消、解決していくことを援助することですから、背負うのは誤りです。
　逆に、親や教師自身が解消、解決すべきことなのに、自分の怒りを子どもにぶつけてしまうこともしばしばあります。
　当事者がポジティブになっていく──そのような状態をつくりあげるために、今日ではさまざまな理論やアプローチが提唱されています。ゴードンメソッドはその一つで、来談者中心療法を理論的土台にしています。否定的感情を解消するのに、傾聴と自己表現による相互理解、また相互理解による対立の解消（創造的解決）を提唱し、トレーニング・プログラムも完成しています。
　相手が問題を持っているときには、まず【援助的な聞き方】が有効である

として、その練習をしていきます。ゴードンメソッドは講座（トレーニング）に参加して体得していただきたいのですが、本稿の後半で、行動の四角形に整理した後どうするか、概略を述べていきますので参考にしていただけますと幸いです。

「行動の四角形」を活用する演習をしてみましょう ˙□˙▪˙□˙▪˙□˙▪˙□˙▪

【第二段階】の行動の四角形を用意して（ご自分で書いてみてください）、2つの事例について、①相手の行動に対して自分が受容か非受容か、②問題所有者は誰かを明確にして、☆を入れてみてください。

ここでは、行動の四角形に☆を入れるところまでです。

> 【事例1】小学校2年生男子、校舎内で上靴をはかずに、トイレにも裸足で入っていく。
>   ①受容か、非受容か
>   ②問題所有者は誰か
>   （ヒント：この男子児童は何も困っていない）
> 【事例2】中学校3年生女子、1週間ほど前から授業中に居眠りをしている。
>   ①受容か、非受容か
>   ②問題所有者は誰か
>   （ヒント：この生徒が居眠りをしても教師は困らない、でも心配している）

よくある質問1　「受容・非受容の判断が教師によって違っていいのか？」

結論としては、どこに☆を入れるかは、人によって違って当然だということになります。

すべての教師が受容・非受容で同じ整理をしているとしたら、あるいはさせられていたら、いかがなものでしょうか。また、受容といって同じ対応を、非受容といって同じ対応をしていたら、いかがなものでしょうか。むしろ、そちらのほうに違和感がありませんか。

例えば、事例2の中3女子の居眠りについて、「自分は困らないし、何か事情がありそうだし、行動は受容して、相手が問題を持つ領域に☆を入れよう」という方と、「どうしたのかと彼女の変化が気になって授業がやりづらいし、心配している自分が問題を持っているということで、自分が問題を持つ領域に☆を入れよう」という方がおられるでしょう。整理の仕方が違っても、そのほうが自然なのです。

行動の四角形をツールとして使っても、人によって価値観や好み、感覚、感情などが違うわけですから、判断・整理が違って当然です。それは教師も人間として、今ここにある自分を生きているという現実を意味しています。

よくある質問２　「受容線は動くのか？　受容線の高さは変わるのではないか？」

　受容線は、自分・相手・環境の３つに影響されて上下します。

　受容線が上に動く、高くなるということは、図上では非受容領域が広くなるということです。下に動く、低くなるということは、受容領域が広くなって非受容領域が狭くなるということです。それは、自分自身のそのときの状態を表しています。

　日常のさまざまな出来事や状況にあって、誰でもそのときのその人に合った反応をしています。教師とて同じです。ざっくり言えば快か不快か、肯定的感情が起こっているか、否定的感情が起こっているか、それとも感情的な変化はあまりない、といった反応です。

　快・肯定的感情を起こさせる出来事・状況であれば受容線は下がって受容領域が広がり、不快・否定的感情を起こさせる出来事・状況にあれば受容線は上がって非受容領域が広がります。

　例えば、多忙なとき、疲れたり体調がよくなかったりするとき、思うようにいかずイライラして何にでもＮＯと言いたくなるようなときは、受容線が上がっていることになります。このことを、ゴードンメソッドでは、《自分の状態によって受容線が上下する》と説明しています。

　他に、《相手によって受容線が上下する》と言って、相手の年齢、経験・専門性などから、安心できる・任せられる、またはその逆、といったことで受容線が上下すると説明しています。

　もう一つ、《環境によって受容線が上下する》と言っています。仕事中とフリータイムのとき、緊張する入学式・卒業式と開放的な運動会の違い等を思うと、確かに環境・状況によって受容線は上下していると言えます。

　受容線が上下することは、人の生き様そのものですから、善し悪しで言われることではありません。ただし、社会生活においては、今の自分の受容線の高さがどうなっているかを自覚して、行動の四角形を使っていくことをおすすめします。高くなっているときは注意したほうがいいかもしれません。低ければいいということでもありません。

　また、そもそも受容線の位置が高めの人、低めの人もいます。それは性格や考え方、生い立ちなどによるのでしょうか。自分の受容線の高さの探索を自己の内的世界を理解することにつなげていけるかもしれません。

よくある質問3　「自分も相手も否定的感情を持っているとき、☆を2つ入れてもいいか？」

　結論としては、行動の四角形に入れる☆は、1つです。

　相手の行動を非受容領域に☆を入れて整理するということは、「その行動をやめてほしい」「変えてほしい」ということですし、同じ行動を受容領域に☆を入れて整理するということは、「その行動を続けていてよい」ということになります。よって、行動について受容か非受容かという行動の四角形の【第一段階】で、☆が2つ入るということはあり得ません。

　【第二段階】での☆が2つという疑問は、相手の行動について非受容であるし、困る、心配だ、イライラするなどの否定的感情もあって、非受容領域（自分が問題を持つ領域）に☆を入れても、同時に相手も否定的感情を持っていたり、悩んでいたりしているかもしれない、あるいはそれがはっきりとわかる場合があるのではないかということでしょう。

　相手の行動に対する☆を非受容領域に入れた後、相手が問題を持っている、つまり否定的感情を持っていたり悩んだりしている当事者は相手であることがわかって、☆を入れ直すことがあります。例えば、ころんで泣いている子どもを見るのは嫌です（非受容・自分の問題）が、痛くてつらいのは子どもだから（受容・相手の問題）と☆を入れ直すということです。

　これは整理のプロセスであって、最終的に☆は相手が問題を持つ領域に入れたことになり、☆は1つとなります。

　このプロセスには、長い時間がかかることがあります。非受容領域に☆を入れ、相手に行動を変えてもらうか、やめてもらうような働きかけをしても変化はなく、その行動が続き、こちらが悩まされ続けるような場合です。これは、相手の行動の背景・理由に強い欲求や価値観、事情があって行動を変えようとしないということです。

　相手が問題を抱えていることがわかっても、その行動を受け入れられないこともあります。そんな場合は、非受容領域に☆を入れ、自分（教師）の否定感情を解消することを優先します。

　カウンセリングの来談者中心療法では、クライエントの自助を援助する傾聴が基本です。それは教師にも基本的態度として求められることですが、それができるときは、教師が行動を受容し、相手が問題を持つ領域に☆を入れているからです。

　しかし、学校現場ではクライエントに位置づけられる子どもや保護者に教師が痛めつけられることもありますし、教師には指導目標としてのゴールが示されていることもあります。相手（子ども）中心ばかりでは、教師が潰れてしまいます。ゴードンメソッドでは、ここで「きりかえ」による「対立の

図4 「きりかえ」による「対立の解消」

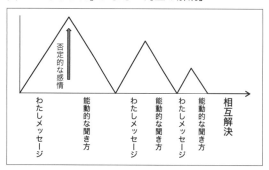

解消」という対応法を取り入れます（図４）。《わたしメッセージ》と《能動的な聞き方》をきりかえて使うことで、否定的な感情を軽減しながら相互解決に向かっていきます。ここには《出会いの教育》の醍醐味があります。

　さて、本稿ではこの後、「行動の四角形」に整理をしてから後、どうするのか、というゴードンメソッドによる対応法を紹介していきます。対応法の選択は☆の位置によって決まってきます。問題所有者は自分か相手か、どちらの否定的感情に対処することから始めるかということになるので、行動の四角形に入れる☆は１つとして整理する必要があるのです。

相手が問題を持っているとき：【援助的な聞き方】で対応する

　相手が問題を持つ領域に☆を入れて整理するのは、相手が否定的感情を持っている、何かで悩んでいることを訴えてきたとき、あるいは相手の行動をＳＯＳサインではないかとこちらが判断したときです。相手が否定的感情を軽減・解消したり、悩みを解決したりできるよう援助をしたいと思うとき、

【コミュニケーションの障害となる12の型】　例：Ｅ君（中２・サッカー部）が「もう僕、ついていけないよ。みんなすごいんだもの」と言っていることに対して。

①命令・指示	弱気にならずに、しっかりやりなさい。
②注意・脅迫	弱音を吐いていると、ますますついていけなくなるよ。
③訓戒・説教	始めたからにはやり通すべきでしょう。
④助言・提案	みんなはどう思っているのかを聞いてみたらどうかな。
⑤講釈・説得	中２になると練習がきつくなるし、下級生のようにはいかないよ。そうやって先輩になるものなんだよ。
⑥批判・非難	サッカー部員として情けない、君は無理だな。
⑦悪口・嘲笑	この程度で泣きごとじゃ、見込みないかな。思ったほどじゃないな。
⑧解釈・分析	そもそもサッカー部に向いてなかったのかもしれないね。入部するときは適性を考えてなかったのかな。
⑨賞賛・同意	サッカーはきついんだよ。ここまでよく頑張ってきたと思うよ。
⑩激励・同情	きついんだろうね。でも、みんな乗り越えてるんだ。君もやれるよ。
⑪詰問・尋問	みんなって誰と比べているの？　いつからそう思っているの？
⑫転化・皮肉	サッカーだけが部活じゃない。気楽にしようよ。

ゴードンメソッドでは【援助的な聞き方】が有効であるとしています。

　しかし、たいていの場合は【コミュニケーションの障害となる12の型】（前ページの表参照）で対応しがちです。援助への強い思いがこのような対応をもたらすのですが、相手にとっては自分がどう答えたらよいかに目を向けてしまい、自己理解も相互理解も進まないので、問題所有の当事者でありながら自力による問題解決をしようとはしなくなってしまいます。反発や抵抗を感じていることすらあるかもしれませんし、依存してくるかもしれません。

　【コミュニケーションの障害となる12の型】を一切使ってはいけないというのではなく、相手が問題を解決していくための援助にはならないということです。

　では、【援助的な聞き方】とはどのようなものでしょうか。ゴードンメソッドでは、受容、共感的理解、自己一致をふまえた傾聴によって、相手が否定的感情を軽減・解消し、自己理解を深めて問題解決をしていくことだとしています。援助的な聞き方には、《受動的な聞き方》と《能動的な聞き方》があります。以下の表にあることをトレーニングし、相手の自助を支え、解決策を考え合うプロセスをふんでいけるようにしていきます。

【援助的な聞き方】

《受動的な聞き方》	《能動的な聞き方》
・黙って聞く（関心を相手に向ける） ・うなずく、あいづち ・うながす	・繰り返す（オウム返しではない） ・言い換え、要約 ・こちらの理解を確認する

　ここで、【援助的な聞き方】の練習をしてみましょう。

　日常生活で、何かをわかってほしい、伝えたいという思いであなたに話してきた方に、次の①から③で対応してみてください。５分間かけるつもりで臨みます。①②は《受動的な聞き方》、③は《能動的な聞き方》です。

①相手の表情を観ながら、黙って、「あなたは何を伝えたいの？」と問う気持ちで臨みます。

②３分間、うなずき、あいづち、うながし（「それから」「もう少し話してくれますか」という促進の声かけ）だけに徹します。

③３分くらい経って、話の全容がわかったら「あなたが伝えたいことは〜ですか」と確認のフィードバックをします。

④相手が「そうです」と言って話を続けていけば、【援助的な聞き方】はうまくできているとみて、そのまま続けます。

図5 【援助的な聞き方】
　　による変化

相手が落ち着き、
相手の受容線が動く

問題なし領域が広がる

　【援助的な聞き方】ができていると、相手の否定的感情が軽減・解消して落ち着くことができて、自分の考える力が発揮されます。自己理解も深まり、自助力を発揮しやすくなるのです。カウンセリング・プロセスを踏んでいると言ってもいいでしょう。

　行動の四角形で見ると、相手が問題を持つ領域が狭くなり、問題なし領域が広がっていくことになります（図5）。このことは、相手自身の行動の四角形の受容線が下がって、非受容領域が狭くなっていくということを意味します。ですから、教師と子どもの間には互いに受け入れ合う関係がつくられやすい状態になっていることでもあります。

　ゴードンメソッドでは、教師・子どもともに問題なし領域（教授＝学習領域）に☆が入れられる状態にあることで教育が効果的に進められる（Teacher Effectiveness）と考えています。ですから、教師の力量の一つとして【援助的な聞き方】を身につけることをすすめています。

わたしメッセージで思いを伝える：相手のことを考えられる子どもに育てる

　相手の行動をやめてほしい、変えてほしいというときには、その相手に対する行動の四角形で非受容領域に☆を入れて整理をします。非受容に整理するには何らかの理由があってのことですが、「困る」「心配」「不安」「つらい」「悲しい」「さみしい」「嫌だ」「イライラする」「胸がはりさける」といったような表面的な感情で整理をすることで、まずはよしとしてください。

　「こんな感情を持つなんて…」とか「感情で判断するなんて…」としないで、今、確かにある自分の感情は自分の内的世界を反映しているのですから、洞察は後にして、表面的な感情から自分を大切にしていく必要があります。

　相手（子ども）が否定的感情を軽減・解消し、悩みを超えて人生づくりに向かっていくことができるように【援助的な聞き方】をすることについて前述しましたが、逆に自分が【援助的な聞き方】をしてもらえるとは限りません。そこで、「私は～なのです」と自己表現することで、相互理解を進め、その中で自己理解をも深め、解決に向けていくことを自ら可能にしていくことになります。

　ゴードンメソッドでは、わたしメッセージを重視しています。表面的な否定的感情を怒りにまかせて表現すると、暴力・暴言・あなたメッセージになってしまうからです。

　例えば、こんな流れになります。音楽会で足をバタバタさせている子ども

92

に、「ここでは静かにしなさい」→「静かにするように言ったでしょう」→「私の言うことを無視するのか」→「出ていきなさい！」→「もう、帰ってこなくていいよ、死んじゃいなさい」。

　これは、非受容領域に☆を入れて子どもの行動を整理し、その後、感情の流れるままに表現していった例ですが、注意（「静かにしなさい」＝あなたメッセージ）、権力にたよる（「無視するのか」＝私に従うべきだというあなたメッセージ）、命令（「出ていきなさい」＝ここにいてはいけないというあなたメッセージ・暴力を使うかもしれない）、暴言（「死んじゃいなさい」＝生きている価値はないというあなたメッセージ）といった怒りにまかせた展開です。これでは伝えたいことを受け止めてはもらえませんし、相互理解になってはいきません。

　そこで、ゴードンメソッドでいう「５つのわたしメッセージ」を取り上げてみることにします（図６）。

　わたしメッセージとは自分の感情を大切にしながら、考え、好み、気がかりなどの自分の感情について、「私」を主語にして率直に表現して、相手に伝えることです。時折、「私は思う」と付ければわたしメッセージという説明を耳にすることがありますが、それは違います。

　ゴードンメソッドでいう「５つのわたしメッセージ」について説明します。
　まず、問題なし領域で使う、３つです。
①宣言のわたしメッセージ（自分の価値観、意見を明確に述べる）：「わたしはみんながそろって話し合うことが大切だと思う」
②予防のわたしメッセージ（問題を抱えないように事前に自分について伝えておく）：「午後から外出します。お話は午前中にお願いしたいのです」
③肯定のわたしメッセージ（相手の行動によって肯定的感情が起こったとき）：「空気を入れ替えてくれたので、気持ちよく講義が始められました」

　次に、非受容領域・自分が問題を持つ領域で、相手の行動をやめてほしい、変えてほしいということをわたしメッセージで伝えるにはどうしたらいいだろうか、ということで、ゴードンメソッドでは【三部構成のわたしメッセージ】（次ページの表参照）が有効であるとしています。

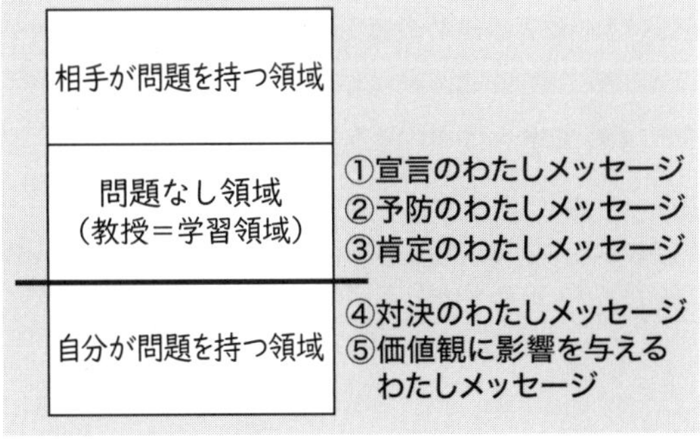

　着眼は、行動をやめてほしい、変えてほしいのは、その行動の影響ゆえに自分が否定的感情を味わうことになるからだ、ということです。さらに、その影響が自分に出る場合と、行動している本人（相手）に出る場合とは区別したほうが使いやすいこと

図６　教師が使う「５つのわたしメッセージ」

相手が問題を持つ領域	
問題なし領域 （教授＝学習領域）	①宣言のわたしメッセージ ②予防のわたしメッセージ ③肯定のわたしメッセージ
自分が問題を持つ領域	④対決のわたしメッセージ ⑤価値観に影響を与える 　わたしメッセージ

【三部構成のわたしメッセージ】

	非受容な行動	具体的な影響	率直な感情
	授業中の私語	授業が進めづらい	困る
対決のわたしメッセージ	授業中におしゃべりされると、授業が進めづらくて困るんだ		

	非受容な行動	具体的な影響	率直な感情
	授業中の私語	ついていけなくなる	心配になる
価値観に影響を与える わたしメッセージ	授業中におしゃべりしていると、ついていけなくなるのではと心配になってくるんだ		

もわかりました。そこで、三部とは《非受容な**行動**》+《具体的な**影響**》+《率直な**感情**》で、自分に影響がある場合を「④対決のわたしメッセージ」、本人に影響がある場合を「⑤価値観に影響を与えるわたしメッセージ」と別のものにしました。

　先ほどの例では、「音楽会で足をバタバタさせると、音楽が聞こえなくてイライラしてくるんだ」というようになります（④対決のわたしメッセージ）。実際に非受容な行動について、その具体的な影響と自分の感情を加えて、子どもに伝えてみてください。そこで「先生はそんなふうに困っていたのか」と思いやりをもって、行動を変えてくれるとうれしいのですが…。

　しかし、なかなかそうはいきません。子どもたちにも行動の理由があるわけですし、伝えられた影響や教師の感情以上に欲求や考えが強ければ、行動をやめよう、変えようとはしません。その意思は尊重されて当然です。ここからは前述の「きりかえ」「対立の解消」による対応になっていきます。

　詳しくは、ゴードンメソッドの全体像をご覧になりながら、参考文献にあたってみたり、講演会や教師学講座に参加していただけたらうれしく思います。

より深く学ぶための読書ガイド

　教師学の全体像について書かれた日本語の書籍は、以下の3冊になります。

土岐圭子著／近藤千恵監修『教師学入門―教師のためのコミュニケーション論』みくに出版、2006年

トマス・ゴードン（奥沢良雄ほか訳）『教師学―効果的な教師＝生徒関係の確立』小学館、1985年（オンデマンド版あり）

高野利雄著／近藤千恵監修『先生のためのやさしい教師学による対応法―生徒への対応が楽になる』ほんの森出版、2000年

ゴードンメソッドの全体像

領域	働きかけ	技法	説明
受容領域／相手が問題を持つ領域	当事者（相手）が自分で問題を解決するように能動的な援助する	コミュニケーションの障害となる12の型	解決の援助をするつもりで行う命令・提案・説教などの12の型。助けにならずコミュニケーションに障害をもたらす。
		受動的な聞き方	解決の援助のために、当事者の話を黙って聞く、うなずく、話をうながす等。
		能動的な聞き方	解決の援助のために、当事者の自己理解を深める。繰り返し、言い換え、気持ちをくむ等、伝えかえす。
		プロセスコンサルタント	当事者が自己理解を深め、解決課題を明らかにし、取り組んでいくプロセスを踏めるように援助する。
		介入的援助	対立状態にある当事者が、互いに相手を理解し、解決策をつくりあげていけるように援助する。
受容領域／問題なし領域（教授・学習領域）	《問題なし領域》を活用する	肯定のわたしメッセージ	相手の行動によって肯定的感情が起こったとき、それを率直に伝える。
		予防のわたしメッセージ	自分も相手も問題を抱えることがないように、事前に自分について伝えておく。
		宣言のわたしメッセージ	自分の考え、好み、したいこと等、意見を明確に述べる。
		環境改善	加える・除く・変えることで環境を改め、問題を抱えることが減るようにする。
非受容領域／自分が問題を持つ領域	自分の問題を解決するために相手に伝える	対決のわたしメッセージ	非受容な行動とそれによる自分への影響と感情を伝え、相手に考えてもらう。
		第三法	欲求の明確化・解決策を挙げる・評価する・決定する・計画するというステップで、全員が納得できる解決策をつくりあげる。
		行動の問題解決	相手の価値観を変えずに、限定的に行動を変えてもらう。
		コンサルティング	客観的な情報を伝え、相手に考え方を見直してもらう。
		価値観に影響を与える	非受容な行動によって相手に起こるかもしれない影響を伝え、相手に考えてもらう。
		模範になる	自分が行動することによって相手に行動を変えてもらうことを期待する。
		自分を変える	相手の考え方を理解してみようとする。
		祈り	相手に変わってほしいと願い続ける。
	行動の四角形の各所で使用	きりかえ	わたしメッセージに対する相手の言語・非言語の防衛的反応をとらえて、能動的な聞き方をする。

受容線

【執筆者一覧】（50音順　肩書きは初版発行時）

石橋 瑞穂　公立小学校教諭

井上 千代　選択理論実践パートナー・愛媛選択理論研究会共同代表

菅野　 純　早稲田大学名誉教授

黒沢 幸子　目白大学特任教授

近藤　 卓　日本ウェルネススポーツ大学教授

高野 利雄　教師学上級インストラクター

田村 節子　東京成徳大学教授

庭山 和貴　大阪教育大学大学院特任准教授

シンプルな８つの図が子ども理解・かかわりを劇的に変える

2020年１月10日　第１版　発行
2021年８月10日　第２版　発行

編　者　『月刊学校教育相談』編集部
発行者　小林敏史
発行所　ほんの森出版株式会社
〒145-0062　東京都大田区北千束 3-16-11
Tel 03-5754-3346　Fax 03-5918-8146
https://www.honnomori.co.jp

印刷・製本所　研友社印刷株式会社

 Printed in Japan　ISBN978-4-86614-115-2 C3037